BIRGIT KNEFELKAMP

AF220485

Unsere schöne Erde
retten!

SO WIRD ALLES GUT

Über die Autorin

Birgit Knefelkamp wurde 1961 in Bünde/Westfalen geboren.

Sie ist gelernte Bankkauffrau und in ihrer Freizeit christlich und sozial engagiert.

Seit 2018 widmet sie sich vorrangig ihrer christlichen Aufgabe, der Auslegung der Heiligen Schrift und dem Schreiben christlicher Bücher. Die Autorin kann auf eine 37-jährige Bibelstudien- und Auslegungsarbeit zurückblicken.

Im Alter von 23 Jahren erlebte sie, wie die frohe Botschaft des Evangeliums augenblicklich eine Lebenskrise beendete und ihr zu einem einzigartigen Erlösungsgeschehen verhalf. Das war eine bedeutsame Wende in ihrem Leben.

Einige Jahre später wurde ihre Zwillingsschwester durch das Praktizieren geistiger Heilslehren von mehreren chronischen Krankheiten geheilt.

Für die Autorin steht fest, dass beide eine spürbare Rückverbindung zu Gott erlebt haben, ein Gefühl, wie neu geboren zu sein. Wenn das Herz nur offen und empfänglich genug ist, so sagt sie, dann könne das christliche Evangelium vom Heilwerden wahre Wunder wirken.

Dass wir heute in der epochalen Zeit der Erlösung und Neuausrichtung stehen, davon ist sie nach langjähriger biblischer Auslegungsarbeit fest überzeugt.

Gestützt auf Schlüsselerlebnisse ihres Erlösungsgeschehens ist es ihr mit diesem Buch gelungen, eine bemerkenswerte, biblisch fundierte Vorschau auf das nun bald beginnende globale Erlösungsgeschehen der Menschheit zu werfen.

Über das Buch

"Von Neuem geboren werden", also mit Gott verbunden sein, das ist das, was Jesus Christus jedem von uns vermitteln möchte; eine persönliche innige Freundschaft zu unserem himmlischen Vater, die mit endlosen Segnungen verbunden ist. Durch sein nahendes Reich und das damit verbundene Erlösungsgeschehen wird all das Wirklichkeit werden.

Birgit Knefelkamp

Unsere schöne Erde
retten!

SO WIRD ALLES GUT

Bibliografische Information der Deutschen Nationalbibliothek:
Die Deutsche Nationalbibliothek verzeichnet diese Publikation in der
Deutschen Nationalbibliografie; detaillierte bibliografische Daten sind im
Internet über http://dnb.dnb.de abrufbar.

Herstellung und Verlag: BoD – Books on Demand, Norderstedt,
Grafiken des Umschlags/Covers: Bilder vom Autor,
Grafiken Buchblock: Pixabay.

ISBN: 9 783755 726456

Inhaltsverzeichnis:

Unsere schöne Erde retten! (Einleitung)

„Unser Vater im Himmel!

Dein Name werde geheiligt.

Dein Reich komme.

Dein Wille geschehe wie im Himmel

so auf Erden.

Unser tägliches Brot gib uns heute.

Und vergib uns unsere Schuld,

wie auch wir vergeben unsern Schuldigern.

Und führe uns nicht in Versuchung,

sondern erlöse uns von dem Bösen.

Denn dein ist das Reich und die Kraft und Herrlichkeit in Ewigkeit. Amen."

(Matthäus 6: 9-13)

Seit nahezu 2.000 Jahren beten Menschen in dem "Vater unser" um das Kommen des Reiches Gottes. Doch sind sich die Menschen, sind Sie sich lieber Leser, der weitreichenden Bedeutung dieser Worte bewusst?

Die meisten Menschen bringen das Reich Gottes ausschließlich mit dem Himmel in Verbindung. Sie meinen, wirklich friedvolle und harmonische Verhältnisse könne es nur im Himmel geben. So mancher mag sich danach sehnen, von seiner Mühsal und seinem Leid auf der Erde erlöst zu werden, um in das himmlische Reich der Glückseligkeit und des Friedens eingehen zu können.

Selbst Bibelkundige vertreten die Ansicht, wahrer Frieden und wahre Einheit seien nur in der Gegenwart Gottes möglich. Sie legen die biblische Verheißung "neuer Himmel und einer neuen Erde" wörtlich aus und glauben, dass die Menschheit den Planeten Erde einmal durch ihr sündhaftes

Verhalten unbewohnbar machen wird und Leben dann, eine Zeit lang, nur noch bei Gott im Himmel möglich sei.

Doch stimmt das mit den Lehren der Heiligen Schrift überein?

Der Vers 10 im "Vater unser" (siehe Kursivtext Seite 7) bezieht das Reich Gottes ganz eindeutig auch auf die Erde. Der Vers macht deutlich, dass mit dem Kommen des himmlischen Reiches der Wille Gottes nicht nur im Himmel, sondern auch auf der Erde geschehen wird. Das himmlische Reich hat demnach sichtbare und spürbare Auswirkungen für die Menschen auf der Erde. Ja, wenn wir um das Kommen des Reiches Gottes beten, dann bitten wir um Gottes Führung und Leitung für unser Leben und die damit verbundenen Segnungen.

Ganz offensichtlich leben wir heute nicht in der göttlichen Führung und Ordnung, denn sonst müssten wir nicht darum beten. Die heutigen Weltverhältnisse sprechen für sich: Atomare Bedrohung und Aufrüstung, Kriege und Weltterrorismus, Klimawandel, zunehmende Wetteranomalien und Erdbeben; alles Folgen menschlichen Missmanagements - ursächliche Folgen der Gotttrennung zu Beginn der Menschheitsgeschichte. Die Menschheit hat auf tragische Weise die Nähe und den Rückhalt ihres himmlischen Vaters verloren - und sie wäre verloren - hätte nicht Gott Vater eine Heilsvorkehrung geschaffen, durch die die Leben gebende geistige Verbindung wiederhergestellt wird und alle damit verbundenen Segnungen.

Was war denn der ursprüngliche Vorsatz Gottes mit der Menschheit und welches die Segnungen?

Gemäß dem ursprünglichen Vorsatz Gottes sollte die Menschheit ewig auf einer paradiesischen Erde leben.

Dieser göttliche Vorsatz ist mit dem Sündenfall und den Unabhängigkeitsbestrebungen der Menschen nicht hinfällig geworden. Er wird sich über den "Umweg der Gotttrennung" und die sich anschließende "Wiederherstellung aller Dinge" zwar zeitlich später, jedoch wie vom Schöpfer ursprünglich vorgesehen, erfüllen (Jesaja 55:11, Matthäus 19:28).

Die Grundlage für das gesamte Heil- und Wiederherstellungsgeschehen auf der Erde ist die **Erlösung** der Menschheit von der ererbten Gottesferne. **Und genau das verheißt uns Gottes Wort, die Bibel**:

Gott Vater konnte voraussehen, dass sich die Menschheit mit ihren Unabhängigkeitsbestrebungen früher oder später in eine krisenreiche Weltsituation hineinmanövrieren würde. Darum hat er eine Erlösungs- und Rettungsvorkehrung geschaffen, um ihr den Weg zurück zu bahnen in seine segensreiche Führung und Ordnung.

Darum soll es in diesem Buch gehen: wie durch Gottes einzigartige Vorkehrung alle ursprünglichen Segnungen für die Menschheit wiederhergestellt werden. Dieser vor uns liegenden Zeit dürfen wir mit freudiger Erwartung entgegensehen.

Ich darf zu den berufenen Personen gehören, die den Menschen in dieser außergewöhnlichen Zeit ein von Gott kommendes Erlösungsgeschehen vermitteln:

Nach einer Lebenskrise habe ich im Alter von 23 Jahren die heiligende Wirkung des frohen Evangeliums erleben dürfen. Die biblisch fundierte Hoffnung bestätigte, was ich über viele Jahre hinweg empfunden hatte: dass unsere heute bestehende Weltordnung unmöglich dem Willen Gottes entsprechen kann. Ich wünschte mir sehnlichst eine humanere, gerechtere und friedvollere Lebensordnung: Eine Ordnung, die sichtbar und spürbar der Schöpfung dient und die geschaffenen Lebensgrundlagen wahrt; eine Ordnung, die sich vorrangig an den Wünschen und Bedürfnissen der Menschen orientiert; eine Ordnung, in der es mir möglich ist, gesund und glücklich zu leben.

Die Bestätigung meiner sehnsüchtigen Herzenswünsche durch die frohe Botschaft von Gottes messianischem Reich führte zu einem phänomenalen *Wiedergeburtserleben und erfüllte mich mit einer nie gekannten Freude und Kraft (*siehe Christi Worte in Johannes 3:3-8). Alle Sorgen um meine persönliche Zukunft und Gesundheit und den Fortbestand von "Mutter Erde" fielen augenblicklich wie schwere Sandsäcke von mir ab und haben mich seitdem nie wieder belastet. Ich fühlte mich zutiefst erlöst.

Die frohe Botschaft von Gottes gerechter, neuer Ordnung auf der Erde war die alles entscheidende, erlösende Heilsgewissheit und Hoffnung, die ich für mein Leben dringend gebraucht habe - ein geistiger Befreiungsschlag, der augenblicklich eine vertraute Nähe zu Gott Vater herstellte und mir seinen Heiligen Geist vermittelte. Ja, durch meinen Glauben an die frohe messianische Wiederherstellungs-Botschaft durfte ich Gottes Zustimmung und Liebe in überströmender Weise spüren. Mit Gott Vater auf so wunderbare Weise in Einklang und Harmonie zu kommen, ist das höchste und schönste Erleben, das einem Menschen auf Erden zu teil werden kann - eine göttliche Herzensprägung, die für immer lebensbestimmend bleibt. Seitdem ist "Gottes Reich" mein Leben und meine ganz große Liebe.

In dem sich anschließenden Bibelstudium stellte ich erstaunt fest, dass ich mich von vielen Schriftstellen des Neuen Testamentes persönlich angesprochen fühlte, so als wenn die Verse für mich geschrieben worden wären, bzw. ich sie verfasst hätte. Viele Schriftstellen verstand ich auf Anhieb, ohne dass es einer zusätzlichen Erklärung bedurfte; die Verfasser schienen mir aus der Seele zu sprechen. All das machte mir bewusst, dass ich ein einzigartiges Erlösungs- und Heilsgeschehen empfangen hatte, durch das ich ordiniert wurde, an der Auslegung der Heiligen Schrift mitzuwirken.

Als Spätberufene habe ich den Teil des Neuen Testamentes auslegen dürfen, der von den früher Berufenen noch nicht klar gesehen werden konnte. So stellte ich beim Lesen sinnbildlicher Szenen von Kapitel 8, 9 und 12 der Offenbarung ein Vertrautheitsgefühl fest und vermochte, das Gelesene hinter mir liegenden Erlebensphasen meines persönlichen Erlösungsgeschehens zuzuordnen. Mittels dieser Schlüsselerlebnisse ist es mir gelungen, das in der Offenbarung sinnbildlich dargestellte Loslösegeschehen der Menschheit zu deuten, das Teil des nahenden globalen Erlösungsgeschehens ist.

Mit meiner 37-jährigen Bibelstudien- und Auslegungsarbeit durfte ich die Auslegung der Offenbarung wahrheitsgetreu vervollständigen und abschließen. Der in der Offenbarung sinnbildlich dargestellte Übergang in Gottes messianische Weltordnung ist damit in greifbare Nähe gerückt.

Gemäß der Offenbarung ist das Kommen des Reiches Gottes mit einem turbulenten Übergangsgeschehen verbunden, aus dem sich das Erlösungsgeschehen entwickelt. Es wird sinnbildlich dargestellt, welche bewegenden Erlebensphasen die Menschheit passieren muss, um in die Gottführung zu gelangen.

Dem buchstäblichen Systemwechsel geht also ein geistiger Herrschaftswechsel voraus, ein globales Erlösungsgeschehen, das den Herzensboden bereitet für die Segnungen unter der messianischen Regentschaft.: Ja - ehe die ausgediente alte Weltordnung weichen kann, muss sie in unseren Herzen gestorben sein; und ehe das messianische Reich Gottes aufgerichtet werden kann, muss es in unseren Herzen aufgerichtet worden sein. Das himmlische Reich kann nur über eine Menschheit eingesetzt werden, die Gott Vater und seiner Heilsvorkehrung herzensmäßig zugeneigt ist - seine Führung und Ordnung ernstlich erwartet und herbeisehnt.

So duldet Gott Vater das krisenreiche Weltgeschehen, um Menschen von ausgedienten Lebensordnungen und Glaubensmustern loszulösen. Ja, die gegenwärtige Krisis dient ganz eindeutig dem Erlösungsvorhaben Gottes, ist ein notwendiger Reinigungs- und Regelungsprozess, der die Herzenstüren öffnet und den Weg freimacht für die Versöhnung mit Gott Vater.

In meinem Buch beleuchte ich den epochalen Systemwechsel in Gottes neue segensreiche Weltordnung: Wie gerade in dieser krisengeschüttelten Zeit des Umbruchs Erlösung in globalem Umfang geschieht und wie wunderbar es sich anfühlt, mit unserem himmlischen Vater wiedervereint zu werden.

- Weg frei für die Erlösungsoffensive Gottes im 21. Jahrhundert!

Lassen Sie sich erlösen und begeistern von der Heilsbotschaft des messianischen Reiches mit seiner wunderbaren Wiederherstellungsvorkehrung!

Dieses Buch ist ein hilfreicher Wegbegleiter durch die besondere Zeit, die vor uns liegt. Es soll helfen, das Weltgeschehen konstruktiv zu deuten, um gut und sicher durch die vor uns liegende Zeitenwende zu kommen.

Gegenwärtig sieht es nicht so aus, als ob wir auf dem Weg in eine neue, bessere Zukunft sind. Doch dank der Heiligen Schrift dürfen wir wissen, dass alles einen guten Ausgang nehmen wird.

Ich versichere kraft meiner Berufung, dass meine Ausführungen zum Erlösungs- und Heilsgeschehen der biblischen Wahrheit entsprechen und sich so erfüllen werden, wie Sie es auf den folgenden Seiten nachlesen können. Haben Sie Vertrauen!

Birgit Knefelkamp   im Oktober 2021

.

„Denn die sehnsüchtige Erwartung der Schöpfung
harrt auf die Offenbarung der Söhne Gottes ."

(Römer 8:19)
Neue-Welt-Übersetzung

„Denn also hat Gott die Welt geliebt,

dass er seinen eingeborenen Sohn gab,

damit alle, die an ihn glauben,

nicht verloren werden,

sondern das ewige Leben haben."

(Johannes 3:16)

Kapitel 1

Das verlorene Paradies

Vorwort

Kein historisches Ereignis war von so großer Bedeutung und Tragweite wie das der "Gotttrennung" zu Beginn der Menschheitsgeschichte. Seitdem hat sich die Welt so unruhevoll und krisenreich entwickelt, wie wir es seit Tausenden von Jahren erleben.

Durch kein Ereignis ist zudem die Weisheit und Langmut Gottes mehr gefordert gewesen, wie eben durch diesen Präzedenzfall der "Gotttrennung".

Wäre der Sündenfall nicht eingetreten, hätte die Heilige Schrift mit dem Schöpfungsbericht Mose abgeschlossen sein können. Die zahlreichen Bibelbücher, die dem Schöpfungsbericht hinzugefügt wurden, schildern die Entwicklung der Erlösungs- und Rettungsvorkehrung Gottes, die er unmittelbar nach dem Sündenfall zu Gunsten der Menschheit einleitete.

So wird in dem folgenden Kapitel auf das verloren gegangene Paradies eingegangen und anschließend das Heilsvorhaben Gottes beleuchtet, ein neuzeitliches Paradies zu schaffen, das unverrückbar fest in der göttlichen Schöpfungsordnung verankert ist und für immer bestehen bleiben wird.

1. Das verlorene Paradies

Um das Wiederherstellungsvorhaben Gottes verstehen zu können, ist es notwendig, den Anfang der Menschheitsgeschichte biblisch zu beleuchten: In Kapitel 2 und 3 des 1. Buches Mose wird von der Gottverbundenheit des ersten Menschenpaares berichtet und von Unabhängigkeitsbestrebungen, durch die die Einheit verloren ging.

Gemäß diesem Bibelbuch wurde das erste Menschenpaar in Vollkommenheit erschaffen. Es hatte ein vertrautes, heiliges Verhältnis zu seinem Schöpfer und erfreute sich vollkommener Gesundheit. Es lebte auch in buchstäblich paradiesischen Verhältnissen, die über die ganze Erde ausgedehnt werden sollten.

Der "Baum des Lebens" in der Mitte ihres paradiesischen Lebensraumes war ein Symbol für den Heiligen Geist Gottes und begründete das Recht auf ewiges irdisches Leben. Da es dem ersten Menschenpaar erlaubt war, von dem "Baum des Lebens" zu essen, versinnbildlichte er auch ihr Leben gebendes Verhältnis zu ihrem himmlischen Vater, den Zugang zum Quell seiner geistigen göttlichen Kraft. Der Lebensstrom Gottes erfüllte und regenerierte sie und erhielt sie am Leben.

Für das erste Menschenpaar war die Kommunikation mit ihrem himmlischen Vater so selbstverständlich wie die tägliche Nahrungsaufnahme. Es hatte einen direkten Bezug zu den Worten, die Jesus Christus 4.000 Jahre später während seines irdischen Dienstes äußerte: „Es steht geschrieben: Der Mensch lebt nicht von Brot allein, sondern von einem jeden Wort, das aus dem Mund Gottes geht" (Matthäus Kap. 4:4).

So war das erste Menschenpaar gottgeführt. Es erhielt die rechte Wegweisung durch Zwiegespräch mit Gott oder durch göttliche Eingebung "geschenkt". Es bediente sich also ganz unvermittelt der Weitsicht und Weisheit Gottes, um rechte Entscheidungen zu treffen.

Der segensreiche Einfluss des geistigen göttlichen Bezugssystems war so vorherrschend, dass Adam und Eva von unguten Gedanken und Erlebnissen abgeschirmt waren. Solange sie gottgeführt dachten und handelten, blieben ihnen ihr geistiges Paradies und ihr paradiesischer Lebensraum erhalten.

Wir haben heute große Mühe, uns ein Leben vorzustellen, in dem nur Gutes und Friedvolles geschieht. Viel zu sehr sind wir geprägt von negativen Erlebnissen. Kaum jemand glaubt, dass es den paradiesischen Urzustand wirklich gegeben hat und nur wenigen Menschen ist bewusst, dass Gott Vater im Begriff ist, diese segensreichen Verhältnisse für die Menschheit wieder herzustellen.

Ja, das Wort Gottes ist absolut zuverlässig! Den harmonischen und friedvollen Urzustand hat es wirklich gegeben - allerdings nur für kurze Zeit. Dem 4. Kapitel des 1. Buches Mose, Vers 1 ist zu entnehmen, dass die Gotttrennung noch vor den ehelichen Beziehungen Adams und Evas erfolgte. Vermutlich haben die paradiesischen Lebensverhältnisse nur wenige Tage oder Wochen bestanden.

Gemäß dem Bibelbericht mussten Adam und Eva den "Baum der Erkenntnis von Gut und Böse" meiden, um ihr einmütiges Verhältnis zu Gott Vater zu wahren (1. Mose 2:16-17). Der verbotene Baum stellte sinnbildlich Gottes Hoheitsgebiet und Souveränität dar; seine Fähigkeit, weise grundsätzliche Entscheidungen zu treffen und somit sein Recht, über die Menschheit zu regieren. Mit der Übertretung des Gebotes, dem Versuch selbstbestimmt und unabhängig von Gott zu agieren, wurde das Unvermögen und die Unerfahrenheit des Menschenpaares aufgedeckt und das Band der Einheit zwischen Mensch und Schöpfer durchschnitten.

Als sie also ihre Fähigkeit, selbstbestimmt zu agieren, auf die Probe stellten, wurde ihnen bewusst, dass sie unklug gehandelt hatten und nicht in der Lage waren, weise Entscheidungen zu treffen. Die Komplexität der Entscheidungsfindung und die unüberschaubaren Folgen und Abgründe möglicher Fehlentscheidungen taten sich ihnen auf. Sie fanden sich in der harten Realität der Dualität wieder, erlebten die Kehrseite eigenverantwortlichen Handelns und sahen sich vor Herausforderungen gestellt, die bisher ihr himmlischer Vater für sie getragen hatte. Unter der Obhut und dem Schutz der Gottführung blieb ihr Unvermögen verborgen, nun aber wurde es ihnen deutlich aufgezeigt.

Im Bewusstsein ihres **Unvermögens** veränderte sich ihr Verhältnis zum Schöpfer grundlegend. Sie erlebten ihren himmlischen Vater nun übermächtig und befremdend. Im Vers 10 nennt Adam selbst den Grund für seine befremdenden Gefühle in der Gegenwart Gottes. Er sagte als dieser ihn rief: „Ich hörte dich im Garten und fürchtete mich; denn ich bin **nackt,** darum versteckte ich mich" (1. Mose 3:10).

Bereits eine Kostprobe selbstbestimmten Handelns führte zum freien Fall in die Unabhängigkeit und Gottesferne. Ein geistig-emotionaler Absturz, wie er tiefer nicht sein kann - mit schwerwiegenden, tragischen Folgen, die wir heute noch tagtäglich zu spüren bekommen. Seitdem befindet sich die Menschheit außerhalb des geistigen Einflussbereiches Gottes und ist weitestgehend von seinem Leben gebenden Geist und Segen abgeschnitten. Seitdem altern, erkranken und sterben die Menschen, seitdem gibt es Unfrieden, Konflikte und Probleme in der Welt.

Der Griff nach der „verbotenen Frucht", nach göttlicher Weisheit und Erkenntnis, leitete einen Jahrtausende langen leidgeprüften Selbsterfahrungsprozess ein, der Folgen und Grenzen autonomen Handelns aufzeigen sollte und die Frage bezüglich der rechtmäßigen Herrschaft Gottes hinreichend klären musste.

Der selbstbestimmte Weg der Menschheit wird in absehbarer Zeit ein turbulentes Ende finden. Allen Menschen wird deutlich aufgezeigt werden, dass wir der Führung und Allmacht Gottes bedürfen, um aus der größten Krise aller Zeiten herauszufinden und unseren Planeten Erde dauerhaft in ruhige, segensreiche Bahnen zu lenken.

Aus dieser Krisis heraus wird die Menschheit Gottes segensreiche messianische Weltordnung herbeisehnen und kraft eines großen Erlösungsgeschehens mit ihm wiedervereint werden.

Die Wiedererschaffung aller heiligen Dinge (des harmonischen Urzustandes, Matthäus 19:28, 17:11-12) hat sich in Bezug auf die "himmlischen Dinge", die "neuen Himmel", bereits erfüllt. Dazu mehr im Kapitel 3.

Die Wiedererschaffung der "irdischen Dinge", der "neuen Erde", beginnt mit dem "geistigen Geburtserleben" der Menschheit im nahenden Abschluss- und Erlösungsgeschehen. Es ist der Höhepunkt eines ergreifenden Erlebensprozesses, durch den die vertraute Kindschaft zu Gott Vater wiedergeboren wird. In diesen geistigen Schöpfungsakt wird die Menschheit aktiv eingebunden sein. So wird eine Gottesbeziehung von Ewigkeitswert errungen, die als etwas einmalig Schönes und Kostbares erlebt wird.

Auf der Grundlage der wiederhergestellten Gottesbeziehung ist das gesamte Heil- und Wiederherstellungsvorhaben Gottes gegründet. Auch in dieses tausendjährige Wiederherstellungsgeschehen wird die Menschheit aktiv eingebunden sein: Im Laufe der Heilsentwicklung wird sie stetig gefordert sein, im Gottglauben und -vertrauen zu wachsen, um auf dem Weg des ewigen irdischen Lebens voranzudrängen (Offenbarung 20:6).

Dieser Rehabilitations- und Neuordnungsprozess hin zu Vollkommenheit und paradiesischen Verhältnissen ist das neuzeitliche Schöpfungsgeschehen, über das der Prophet Jesaja im 7. Jahrhundert vor unserer Zeitrechnung unter Inspiration schrieb: „Denn siehe, ich will einen neuen Himmel und eine neue Erde schaffen, dass man der vorigen nicht mehr gedenken und sie nicht mehr zu Herzen nehmen wird", spricht der Allmächtige ... „man soll in ihm nicht mehr hören die Stimme des Weinens noch die Stimme des Klagens" (Jesaja 65:17, 19).

Die entsprechenden neutestamentarischen Parallelverse sind in 2. Petrus 3:13 und Offenbarung 21:1-4 nachzulesen. Hier heißt es auszugsweise: „Und ich sah einen neuen Himmel und eine neue Erde; denn der erste Himmel und die erste Erde sind vergangen ... und Gott wird bei ihnen wohnen, und sie werden sein Volk sein und er selbst, Gott mit ihnen, wird ihr Gott sein; und Gott wird abwischen alle Tränen von ihren Augen, und der Tod wird nicht mehr sein, noch Leid noch Geschrei noch Schmerz wird mehr sein; denn das Erste ist vergangen."

Ja - wir werden fasziniert sein und staunen über die Wunder- und Machttaten, die Gottes heiligende Kraft schon bald in uns und der ganzen Welt bewirken wird!

Am Ende des neuzeitlichen Schöpfungsgeschehens steht wieder die Vollkommenheit der Menschheit, diesmal jedoch in ihrer höchsten und wertbeständigsten Form - unverwundbar und unanfechtbar.

Fazit:

In dem ursprünglichen System der Vollkommenheit standen Adam und Eva außerhalb des Schöpfungsprozesses. In dieser "**geschenkten**" heilen Welt waren sie Gäste und nicht Teilhaber und Mitbegründer der göttlichen Ordnung.

Durch den Sündenfall wurde zudem deutlich, dass die „**geschenkte**" Vollkommenheit anfechtbar war. In der Beziehung zum Schöpfer gab es verwundbare Stellen und Angriffspunkte, die der Widersacher Gottes taktisch nutzte, um das erste Menschenpaar aus der göttlichen Führung zu lotsen und seinem geistigen Einfluss zu unterstellen:

So berücksichtigte die "**geschenkte**" Vollkommenheit nicht den Wunsch des ersten Menschenpaares, in den Prozess der rechten Entscheidungsfindung mit einbezogen zu werden. Sie schirmte ab vor Eigenverantwortlichkeit und negativen Einflüssen und überdeckte das Bewusstsein für den mangelnden Erfahrungsschatz. Tatsächlich war es unter der von Gott dominierten und behüteten Ordnung nicht möglich, weises Unterscheidungsvermögen zu erlangen und die **ganze** Fülle der Weisheit Gottes und seines Schöpfungsgeschenkes wahrzunehmen. Ein Verlassen des Ursprungssystems war notwendig, um die Stellung der Menschheit vor Gott neu ordnen zu können.

In der "Wiedererschaffung", dem neuzeitlichen Schöpfungsgeschehen, verhält es sich darum grundlegend anders:

Die Gottesbeziehung, die in unserer Zeit für die Menschheit wiederhergestellt wird, ist an ein geistiges Geburtsgeschehen geknüpft. In den Phasen seines Erlösungsgeschehens erlebt jeder hautnah und ergreifend, wie sich ihm der geistige Zugang zu Gott Vater und seiner überströmenden Liebe erschließt. Und mit der Weiterentwicklung im Gottvertrauen hin zu Vollkommenheit und paradiesischen Verhältnissen setzt sich der geistige Schöpfungsakt fort, in dessen Zentrum fortwährend die Menschheit steht. Ein in jeder Hinsicht spannender und fordernder Werdegang!

Die Menschheit ist also eng in den neuzeitlichen Schöpfungsakt eingebunden und gefordert, göttliche Weisheit und Weitsicht zu entwickeln.

Die Vollkommenheit, die so **errungen** wird, ist unverwundbar und unanfechtbar.

2. Der Umweg der Gotttrennung

Manchmal muss man einen Umweg gehen,
einen Weg, der eigentlich nicht vorgesehen war,
um in eine vertraute Situation zurückzukehren
und alles völlig neu zu erleben und zu betrachten ...

* Birgt Knefelkamp *

Da war einer, der sich aufmachte, um **s e i n** Leben zu leben ...

Adam und Eva ------------ der verlorene Sohn ------------- ich/du selbst

Das Gleichnis vom verlorenen Sohn

- seine übertragene Bedeutung
- seine neuzeitliche Erfüllung

Das Gleichnis vom "verlorenen Sohn" versinnbildlicht auf geniale Weise das Erlösungsvorhaben Gottes mit der Menschheit. Es enthüllt auf verständliche Weise die Etappen des Erlösungsweges und macht deutlich, wo wir uns im Strom des Zeitgeschehens befinden.

Christus machte mit dem Gleichnis in übertragenem Sinn deutlich, warum Gott Vater der Menschheit den "Umweg der Selbsterfahrung" zugebilligt hat, und welche Selbstheilungskräfte sich daraus für sein Erlösungs- und Wiederherstellungsvorhaben mit der Menschheit entwickeln. Wie das Gleichnis sinnbildlich lehrt, wird der "Umweg der Gotttrennung" zu einer theokratischen Rückbesinnung der Menschheit führen und die Beziehung zu unserem himmlischen Vater wiederbeleben.

Der Evangelist Lukas hat Jesu Gleichnis vom "verlorenen Sohn" in Kapitel 15, Verse 11-32 aufgezeichnet. Nachfolgend eine kurze Zusammenfassung des Gleichnisses:

Es handelt von dem jüngsten Sohn eines Gutsherrn, der sich sein Erbteil auszahlen ließ, um in einem fernen Land ein Leben nach seinen Vorstellungen zu führen. Nachdem er sein gesamtes Vermögen verschwendet hatte und zudem eine schwere Hungersnot entstand, begann er große Not zu leiden. Er fand eine Anstellung als Schweinehirt, lebte aber unter erbärmlichen und unwürdigen Verhältnissen. In seiner Not besann er sich zurück auf den Wohlstand und die geordneten Verhältnisse seines Elternhauses. Wie war es ihm doch gut ergangen unter der Obhut seines Vaters... Er sehnte sich aufrichtig zurück zu seinem Vater und machte sich demütig und vom Leben belehrt auf den Weg.

Weswegen hatte er denn sein Elternhaus verlassen?

Offensichtlich hatte er keine Wertschätzung für den Betrieb seines Vaters und mochte sich nur ungern unterordnen. Sicherlich fühlte er sich eingeengt und hatte eine freizügigere Vorstellung vom Leben. Durch seine denkwürdigen Erfahrungen außerhalb des Elternhauses erfuhr er eine grundlegende Umkehr, die ihm Respekt und Achtung vor der Autorität und Weisheit seine Vaters verlieh. Der "Umweg der Selbsterfahrung" hatte ihn zu einer reifen und verständigen Sicht der Dinge geführt, und es entstand ein einmütiges, liebevolles Verhältnis zum Vater.

Voller Freude über die Rückkehr seines Sohnes äußerte der Vater zweimal die bedeutsamen Worte: „Lasst uns essen und fröhlich sein! Denn dieser mein Sohn war tot und ist wieder lebendig geworden; er war verloren und ist gefunden worden."

Mit diesen Worten wird der sinnbildliche Charakter des Gleichnisses deutlich herausgestellt. So bezieht sich der freudige Ausspruch nicht nur auf das wiederbelebte Verhältnis des Sohnes zum Vater, gemäß dem Gleichnis, sondern in übertragenem Sinne auch auf das wiederhergestellte Leben gebende Verhältnis der Menschheit zu ihrem himmlischen Vater durch den "Umweg der Gotttrennung".

Schon bald wird der freudige Ausspruch des Vaters: „Denn dieser mein Sohn war tot und kam wieder zum Leben", durch Gottes Erlösungs- und Wiederherstellungsvorkehrung seine volle Bedeutung und Aussagekraft entfalten. Denn dann wird kraft der wiederhergestellten Leben gebenden Gottesbeziehung der adamische Tod für immer besiegt werden.

Wenden wir das Gleichnis auf Gott Vater und die Menschheit an, wird schnell deutlich, wie erstaunlich ähnlich der Verlauf der Menschheitsgeschichte dem Geschehen des Gleichnisses ist:

Auch die Menschheit verließ mit dem Sündenfall, der Gotttrennung, die Führung ihres himmlischen Vaters, um unabhängig von ihm eigene Wege zu beschreiten.

Nach langer Menschheitsgeschichte ist, dem Gleichnis ähnlich, zu erkennen, dass die Menschheit verschwenderisch mit den Ressourcen der Erde und sorglos mit den von Gott geschaffenen Lebensgrundlagen umgegangen ist. Derzeit befinden wir uns an der bedeutungsvollen Stelle des Gleichnisses, wo dem Sohn die materiellen Mittel ausgehen und sich sein ausschweifender Lebenswandel zu rächen beginnt.

In übertragenem Sinne steht die Menschheit vor ihrem geplünderten und geschundenen Planeten Erde und bekommt in zunehmender Weise die weitreichenden, ernst zu nehmenden Folgen ihrer autonomen Weltführung zu spüren: Immer häufiger und heftiger auftretende Wetteranomalien, Erdbeben, Kriege und Hungersnöte sind die geballte Summe menschlichen

Missmanagements, die wie ein Bumerang auf die Menschheit zurück-kommt. Die Symptome entsprechen der spezifischen Beschreibung, die Je-sus Christus für den nahenden Abschluss der bestehenden Weltordnung vorausgesagt hat (Matthäus 24:3, 6-7).

Die Situation spitzte sich für den Sohn im Gleichnis zu, als eine schwere Hungersnot im ganzen Land entstand und er ganz und gar mittellos wurde.

Doch aus diesem materiellen und geistigen Hungerzustand heraus erfolgte auch seine Rückbesinnung und Umkehr, die ihn "geheilt" zum Vater zu-rückführte.

Wie in dem Gleichnis, so ist auch der krisenreiche Abschluss der bestehen-den Weltordnung von **zentraler Bedeutung** für das Erlösungs- und Heils-geschehen der Menschheit:

Gegenbildlich spitzt sich die Weltsituation in bedenklicher Weise zu. Ja - wir steuern auf den brisantesten Zeitabschnitt der ganzen Menschheitsge-schichte zu, den Jesus Christus in Matthäus Kapitel 24:21-22 als "große Bedrängnis" bezeichnete. Der Prophet Amos sagte über diese Zeit voraus: „Siehe, es kommt die Zeit, spricht Gott der Herr, dass ich einen Hunger ins Land schicken werde, nicht einen Hunger nach Brot oder Durst nach Was-ser, sondern nach dem Wort des Herrn, es zu hören" (Amos 8:11).

So werden viele Menschen aus einem dringlichen Herzenswunsch heraus, die friedvollen, gerechten und edlen Wertmaßstäbe der verheißenen messi-anischen Weltordnung anziehen und sich in Gottes Führung zurücksehnen.

In dem Gleichnis lief der Vater seinem Sohn entgegen, als er ihn von Wei-tem kommen sah und überhäufte ihn mit vielen Segnungen.

In der übertragenen neuzeitlichen Erfüllung wird es ebenso sein:

Gott Vater wird für die ihm zugewandte Menschheit das vertraute Verhält-nis wiederherstellen; sie freudig aufnehmen und mit einer Fülle von Seg-nungen überhäufen. In seiner neuen Weltordnung wird die erlöste Menschheit seine Gegenwart, seine Liebe und Fürsorge spüren können und für alle bitteren Erfahrungen während der "Gotttrennung" entschädigt werden. Die Offenbarung verheißt, dass er alle Tränen von ihren Augen abwischen wird ... (Offenbarung 21:4). Ja, er wird für wahrhaft friedvolle und beglückende Lebensverhältnisse sorgen.

Bemerkenswert an dem Verhalten des Vaters in dem Gleichnis ist, dass er dem Freiheitsdrang seines Sohnes vorbehaltlos entsprach, obwohl er seine Unerfahrenheit und seine freizügige Lebenseinstellung kannte und gewiss den Ausgang seiner unabhängigen Mission ahnte. Er ließ ihn in der Fremde eigene Erfahrungen sammeln und hoffte auf seine Rückkehr und einen positiven Ausgang der Lebensschule.

Tatsächlich stellte sich die Vorgehensweise des Vaters als richtig und heilsam heraus. Die harten Lebensbedingungen außerhalb des Elternhauses bewirkten eine heilsame Wende in dem Verhältnis zum Vater und seinem landwirtschaftlichen Gut. Er konnte nun allem mit Demut, Achtung und Wertschätzung begegnen.

Wäre der Vater nach einiger Zeit seiner Vorgehensweise untreu geworden und hätte aus Sorge um das Wohl seines Sohnes in den Selbsterfahrungs-(Heilungs-) Prozess eingegriffen, hätte sich das Heilsgeschehen **nicht** entfalten und die Beziehung zum Vater **nicht** aufleben können.

Aus eben diesem Grund greift auch Gott Vater nicht in den selbstbestimmten, unruhevollen Lauf der Menschheitsgeschichte ein: Er würde die läuternde, konstruktive Wirkung des Selbsterfahrungsprozesses beeinträchtigen und das Heilsgeschehen, das sich im Schlussteil der bestehenden Weltordnung entwickelt, gefährden. Dann könnte sich die heilsame Wirkung **nicht** entfalten, die geistige Verbindung zum Schöpfer **nicht** wiederhergestellt werden und ewiges Leben auf einer paradiesischen Erde würde ein Wunschtraum bleiben.

Für das Erlösungs- und Heilsgeschehen ist es somit **zwingend notwendig**, dass die Menschheit ihren "Umweg der Selbsterfahrung" bis zum bitteren Ende **allein durchsteht**. Denn nur das heftige Loslösegeschehen, insbesondere im Schlussteil der Weltordnung, vermag Menschen frei und empfänglich zu machen für die geistige göttliche Führung. Es stellt sozusagen die Geburtswehen einer sich ankündigenden neuen Lebensordnung dar, die in den Herzen der Menschen und der elementaren Welt zum Durchbruch gelangen will.

Wenn es einen anderen leichteren Weg geben würde, der zurückführt in das geistige Paradies, so würde unser himmlischer Vater diesen mit uns gegangen sein. Doch ist der "Umweg der Selbsterfahrung", der einzig mögliche und wirksame Weg zurück in die göttliche Führung und Ordnung.

Bestimmt sind durch die übertragene Bedeutung des biblischen Gleichnisses, das heilsgeschichtliche Wirken Gottes und seine passive Haltung im Weltgeschehen verständlich geworden.

Jesus Christus spricht:

„Denn also hat Gott die Welt geliebt,
dass er seinen eingeborenen Sohn gab,
damit alle, die an ihn glauben, **nicht verloren werden**,
sondern das ewige Leben haben.
Denn Gott hat seinen Sohn nicht in die Welt gesandt,
dass er die Welt richte,
sondern, dass die Welt durch ihn gerettet werde".

Johannes 3:16-17

Kapitel 3

Der Heilsweg Gottes mit der Menschheit
(Vorwort)

In dem folgenden Kapitel wird anhand der Heiligen Schrift die heilsge-schichtliche Entwicklung des messianischen Reiches beleuchtet.

Es wird der heilsgeschichtliche Weg bis zum Messias und dessen auser-wählter Nachkommenschaft aufgezeigt, mittels der der Menschheit Erlö-sung und Rettung zu teil werden wird.

Die hebräischen Schriften des Alten Testamentes zeichnen den heilsge-schichtlichen Werdegang bis zum Messias auf, dem verheißenen Nach-kommen Abrahams und Haupteckstein der Erlösungs- und Wiederherstel-lungsvorkehrung Gottes.

Die christlich griechischen Schriften des Neuen Testamentes zeichnen das nach Christi Hingabe einsetzende Erlösungs- und Einsammlungswerk einer auserwählten, christusähnlichen Menschheitsgruppe auf. Sie gehört eben-falls zur heiligen Nachkommenschaft Abrahams und bildet mit Christus die himmlische Regierung Gottes.

Durch den heiligenden Einfluss dieser einzigartigen Regierung wird Gott Vater alle ursprünglichen Segnungen für die Menschheit wiederherstellen.

3. Der Heilsweg Gottes mit der Menschheit

„Denn es hat Gott wohlgefallen,

dass in Christus alle Fülle wohnen sollte

und er durch ihn alles mit sich versöhnte,

es sei auf Erden oder im Himmel,

indem er Frieden machte durch

sein Blut am Kreuz." (Kolosser 1:19-20)

Mit den obigen Worten nahm der Apostel Paulus Bezug auf das folgenschwere Ereignis der "Gotttrennung" zu Beginn der Menschheitsgeschichte. Was geschah?

Ein rebellierender Engel lotste das erste Menschenpaar mit seinen Unabhängigkeitsbestrebungen aus der Führung Gottes und unterstellte es seinem geistigen Einfluss, wodurch die harmonische Ordnung im ganzen Universum verloren ging.

Wie das erste Kapitel, "das verlorene Paradies" verdeutlicht, war es dem ersten Menschenpaar nicht möglich, seine autonome Fehlentscheidung zurückzunehmen und in das geistige Paradies zurückzukehren. Auch war es dem Schöpfer nicht möglich, die "geschenkte Vollkommenheit" auf der Grundlage der Vergebung wiederherzustellen. Nein - weder von Seiten Gottes, noch von Seiten des ersten Menschenpaares konnte das einmütige Verhältnis willentlich wiederbelebt werden. So musste Gott Vater eine Erlösungs- und Wiederherstellungsvorkehrung schaffen, um den Führungsanspruch über seine Schöpfung zurückzugewinnen und den Frieden und die Harmonie im ganzen Universum wiederherzustellen.

In dem Urteil, das Gott nach der Rebellion im Garten Eden über seinen Widersacher sprach, deutete er sinnbildlich auf eine Rettungsvorkehrung hin, ein Mittel zur "Wiederherstellung aller Dinge" (1. Mose 3:15). Wie Gott Vater hiermit offenbarte, wollte er einen "heiligen Nachkommen" ermächtigen, die Werke des Widersachers abzubrechen, um seine Souveränität wieder aufzurichten. Er bewies durch diese Verheißung im Garten Eden, dass er gedanklich und strategisch unmittelbar reagierte, um seiner Schöpfung zu helfen.

Es stellte sich heraus, dass der prophezeite "Nachkomme" Jesus Christus ist, zusammen mit einer auserwählten Gruppe von Mitregenten aus der Menschheit. Gemeinsam bilden sie Gottes messianische Regierung, sein Mittel zur "Wiederherstellung aller Dinge" (Daniel 7:13-14, 27; Matthäus 19:28; Lukas 12:32; Lukas 22:28-30). All das war aber nicht sofort offenbar. Erst im Laufe der Geschichte konnte die sinnbildliche Prophezeiung in Eden gedeutet und verstanden werden. Ein historischer Rückblick beweist, dass Gott Vater sein Heilsvorhaben parallel zum unabhängigen Weg der Menschheit entwickelt und so nach und nach mehr Licht auf seine Rettungsvorkehrung geworfen hat.

[1]Die alt- und neutestamentarischen Schriften dokumentieren in chronologischer Reihenfolge die heilsgeschichtliche Entwicklung des Reiches Gottes, das definitiv ein Königreich ist. Es ist aufgezeichnet, welche systematischen Schritte Gott unternahm, um aus der Abstammungslinie des gläubigen Abraham, den Erlöser und Retter der Menschheit, Jesus Christus, zu erwecken. Und wie dann aus der Erlösungskraft des Blutes Christi eine Gruppe mit berufener Personen für sein messianisches Reich hervorging:

---

1 Chronologische Aufzeichnung unter Hinzuziehung des Buches: „Einsichten über die Heilige Schrift", Band 1, Seite 445-449, Gottes Bündnisse, W. Bibel- und Traktatges. Selters/Taunus

Eine Schlüsselrolle in der Abstammungslinie Abrahams nimmt König David ein, der zweite König des alttestamentarischen Israel.

Weil David treu für die Anbetung und die Gesetze Gottes eintrat, schloss Gott mit ihm einen Bund für ein Königreich. Der besagte, dass einer aus seiner Linie einmal für immer herrschen würde: „...ich will seinen Königsthron bestätigen ewiglich". „Dein Haus und dein Königtum sollen beständig sein in Ewigkeit vor mir, und dein Thron soll ewiglich bestehen." Damit erwählte Gott den loyalen König David zum Vorfahren des Messias, der ein ewiges Königreich erhalten sollte (2. Samuel 7:12-16).

Unter der Regierung Davids, die 1077 v.u.Z. begann, und seines Sohnes Salomo erlebte das Königreich Israel seine Blütezeit. Die Herrschaft Salomos zeichnete sich durch außergewöhnlichen Frieden und Wohlfahrt aus - eine herrliche Vorschau auf die messianische Friedensherrschaft, durch die alle Nationen der Erde gesegnet werden.

Der in Eden verheißene "heilige Nachkomme" erschien, als Jesus Christus geboren wurde. Der Engel Gabriel prophezeite Maria: „Dein Sohn wird groß sein und Sohn des Höchsten genannt werden; und Gott der Herr wird ihm den Thron seines Vaters David geben, und er wird König sein über das Haus Jakob in Ewigkeit, und sein Reich wird kein Ende haben" (Lukas Kapitel 1:31-33).

Jesus war als gebürtiger Jude ein Nachkomme des Patriarchen Abraham und durch seine übernatürliche leibliche Zeugung auch Sohn Gottes. Er wurde durch seine Taufe mit Heiligem Geist im Jahre 29 u. Z. der Gesalbte (Messias), der ewige Thronerbe des himmlischen Königreiches Gottes. Mit ihm erfüllten sich die prophetischen Darstellungen des alttestamentarischen Königreiches Juda. Als himmlischer Königreichsvertreter verkörperte er die zukünftige reale Weltführung Gottes auf Erden und seine gütige, liebende Persönlichkeit.

Während seines unermüdlichen Predigens vom "Königreich der Himmel" vermittelte er einen beeindruckenden Vorgeschmack von den Segnungen, die der Menschheit unter seiner nahenden Regentschaft zu teil werden wird: Er speiste physisch und geistig Hungrige, heilte Kranke, auferweckte Tote und bezwang Naturgewalten. Das waren eindrucksvolle Beweise der Allmacht Gottes, die den heiligenden Zweck seiner Mission, Menschen von Sünde und Tod zu erlösen, deutlich hervorhoben.

Mit Jesu überragendem Liebesdienst auf Erden, der in seiner Hingabe am Marterpfahl gipfelte, legte er die Grundlage für das Erlösungsgeschehen der Menschheit. Die ersten, die daraus Nutzen zogen, waren seine vertrauten Nachfolger. Kraft der überströmenden Liebe Gottes, die durch Christus wirksam wurde, konnten sie vom geistigen Bann des Gesetzesglaubens erlöst und in die Gottführung zurückgekauft werden. Sie wurden mit seinem Heiligen Geist gesalbt und in die himmlische Führungsriege Jesu Christi berufen. Das geschah zu Pfingsten 33 u. Z. und war der Auftakt für ein großes Evangelisations- und Einsammlungswerk, das bis in unsere Zeit hineinreicht. Auf diese Weise konnten alle himmlischen Königreicherben gefunden und mit Heiligem Geist versiegelt werden.

So hat Gott ohne aufsehenerregendes Spektakulum, fernab jeglichen Medienrummels - im Verborgenen - seine himmlische Führungsriege aus der Menschheit berufen und ihnen königliche Würde verliehen. Nach langem heilsgeschichtlichem Gotteswirken ist mit seinem messianischen Reich der Grundstein gelegt für ein fortschreitendes Heilsgeschehen, das in der "Wiederherstellung aller Dinge" gipfelt.

Inwiefern erfüllen die Mitberufenen Christi auf der Erde einen heiligenden Dienst?

Durch Christus und seine Mitberufenen hat Gott Vater seinem messianischen Königreich Leben eingehaucht, und durch Sie wird er Leben vermitteln, allen Menschen guten Willens ewiges irdisches Leben ermöglichen.

Der Apostel Paulus schrieb diesbezüglich an mitberufene Christen: „Ihr aber seid das auserwählte Geschlecht, die königliche Priesterschaft, das heilige Volk, das Volk des Eigentums, dass ihr verkündigen sollt die Wohltaten dessen, der euch berufen hat von der Finsternis zu seinem wunderbaren Licht " (1. Petrus 2:9).

Mitberufenen Christen ist der Königreichsglaube ins Herz gepflanzt. Sie haben am eigenen Körper die heiligende Wirkung des frohen Evangeliums erfahren; sind durch die ihnen zuteilgewordene Wiederherstellungskraft der überströmenden Liebe Gottes, Zeugen und Bürgen seines nahenden Heilsvorhabens mit der Menschheit. Wie Christus sind sie Lichtspender in einer immer dunkler werdenden Welt. Mutig verkünden sie den Menschen bessere Lebensverhältnisse unter Gottes gerechter neuer Ordnung auf der Erde. Sie gehen damit einen christusähnlichen, opferbereiten Weg, der Gottes Liebe zur Menschheit darstellt und Erlösungskraft hat.

Die Mitberufenen, die heute noch auf der Erde leben, spiegeln Gott Vater in dem Gleichnis "vom verlorenen Sohn" wieder. An seiner statt kommen sie einer "umgekehrten" Menschheit mit den Segnungen der messianisch geprägten neuen Weltordnung entgegen. Sie legen mit ihrem unerschütterlichen Glauben an Gottes Heil- und Wiederherstellungskraft den Grundstein für seine neue Weltordnung. Kraft ihres Gottglaubens bahnen sie der Menschheit den Weg zurück in die göttliche Führung und vermitteln endlose Segnungen: Heilungen, Frieden und Völkerverständigung.

Doch ist ihr irdischer Dienst begrenzt. [2]Wie Jesus Christus gehen sie heim zu ihrem himmlischen Vater, um in seinem messianischen Reich als Könige und Priester mit ihm zu dienen (Römer 6:5; 1. Korinther 15:50: Offenbarung 20:4, 6). Der Apostel Johannes sah sie in einer Vision bereits verherrlicht auf dem himmlischen Berg Zion zusammen mit dem Lamm, dem auferweckten Herrn Jesus Christus. Er gab zudem ihre Zahl bekannt. Des Weiteren lesen wir: „Diese sind erkauft aus den Menschen als Erstlinge für Gott und das Lamm … sie werden Priester Gottes und Christi sein und mit ihm regieren tausend Jahre" (Offenbarung 14:1-5; 20:4). Von ihrer erhabenen himmlischen Stellung aus koordinieren sie mit Christus das Wiederherstellungsgeschehen auf der Erde. Durch ihren dann ausschließlich geistigen Einfluss auf die irdischen Dinge entsteht ein neuzeitliches Schöpfungsgeschehen, das sich aus der Glaubenskraft und dem spirituellen Wachstum der Menschheit heraus entwickelt.

Mit diesem Rückblick auf das heilsgeschichtliche Gotteswirken wird deutlich, dass Gott Vater dem krisenreichen Weltgeschehen nicht tatenlos zugesehen hat, sondern seit dem Tag der Gotttrennung unablässig an seinem Vorsatz zur Rettung der Menschheit gewirkt hat. Systematisch, Schritt für Schritt, verwirklicht er sein prophetisches Heilsversprechen in Eden, die göttliche Führung und Ordnung auf der Erde wieder herzustellen.
Wie wahr doch die Worte des Propheten Jesaja sind, der unter Inspiration schrieb: „So soll das Wort, das aus meinem Munde geht, auch sein: Es wird nicht wieder leer zu mir zurückkommen, sondern es wird tun, was mir gefällt, und ihm wird gelingen, wozu ich es sende" (Jesaja 55:11).

---

2 Buch: „Einsichten über die Heilige Schrift", Band 2, Seite 620-621, das christliche Priestertum

Kapitel 4

Vom Loslösen

(Vorwort)

Jesus Christus spricht:

„Niemand kann zwei Herren dienen:
Entweder er wird den einen hassen und den andern lieben,
oder er wird an dem einen hängen und den andern verachten.
Ihr könnt nicht Gott dienen und dem Mammon."
(Matthäus 6:24)

Von der Notwendigkeit, sich zu lösen und zu trennen ...

denn der gottgeführte Weg kann nur ein ganzherziger Weg sein.
(lt. Matthäus 22:36-37)

4. Vom Loslösen

„Unser Vater im Himmel!

Dein Name werde geheiligt.

Dein Reich komme.

Dein Wille geschehe wie im Himmel,

so auf Erden.

....

Und führe uns nicht in Versuchung,

sondern erlöse uns von dem Bösen.

Denn dein ist das Reich und die Kraft

und Herrlichkeit in Ewigkeit. Amen."

(Matthäus 6:9-13)

Ehe das Reich Gottes der Menschheit Linderung und Heilung verschaffen kann, muss sie in einem gewaltigen Kraftakt von der bestehenden Werteordnung erlöst werden. Dabei ist das Erlösungsgeschehen auf geistig-emotionaler Ebene von noch größerer Bedeutung als das buchstäbliche Weichen ausgedienter Ordnungen. Die Offenbarung geht in mehreren Kapiteln ausführlich auf das geistige Loslöse- und Trennungsgeschehen der Menschheit ein, das Teil des globalen Erlösungsgeschehens ist (Offenbarung Kapitel: 8-9, 14, 16).

In dieser Zeit der Loslösung und Neuordnung wird der vortreffliche Herzensboden für Gottes neue Weltordnung bereitet, wovon Jesus Christus in Lukas Kapitel 8, Verse 4-15 spricht. Ja, in dieser Zeit stellen sich die Menschen herzensmäßig auf das messianische Reich Gottes ein und entwickeln die geistige Reife für den Empfang künftiger Segnungen.

Als Jesus das Bundesvolk Gottes "besichtigte", um nach würdigen Miterben seines Reiches Ausschau zu halten, auserwählte er Personen, die sich herzensmäßig bereits von dem damaligen religiösen System des Gesetzesbundes gelöst hatten und seine verheißene neue Weltordnung ernstlich erwarteten. So sagte er zu seinen Nachfolgern: „Ihr seid kein Teil der Welt, sowie ich kein Teil der Welt bin. Wenn ihr ein Teil der Welt wäret, so wäre der Welt das Ihrige lieb. Weil ihr nun kein Teil der Welt seid, sondern ich euch aus der Welt auserwählt habe, deswegen hasst euch die Welt" (Johannes 17:16; 15:19, Neue-Welt-Übersetzung).

Auch im neuzeitlichen Einsammlungswerk des vorigen Jahrhunderts selektierte er aufrichtige, demütige Personen, die von weltlichen Bestrebungen losgelöst waren und dem "Geist der Welt" nicht mehr anhingen. Alle selektierten Personen waren also bereits von ausgedienten geistigen Bindungen gelöst, als Christus sie für seinen missionarischen Dienst einsetzte.

So wird er auch Gottes messianisches Reich erst einsetzen, wenn sich die Menschheit hinreichend von "alten" Werteordnungen gelöst hat:

Ein weltweites Loslösegeschehen steht der Menschheit nun unmittelbar bevor. Das dafür notwendige Potenzial wird sich im krisengeschüttelten Schlussteil der bestehenden Weltordnung entfalten; dann werden sich ausgediente Werteordnungen in turbulenter Weise von uns verabschieden. In dieser außergewöhnlichsten Zeit aller Zeiten werden gewaltige Loslösekräfte wirksam, die Menschen von systemischen Zugehörigkeitsgefühlen jeglicher Art lösen. Ein schmerzlicher, aber notwendiger Reinigungsprozess, der uns nicht erspart bleiben kann. In dieser Zeit erstirbt die "alte Persönlichkeit" mit ihrer Neigung zum autonomen, selbstgefälligen Denken (Offenbarung Kapitel 8, 9, 16).

Eine vollständige Loslösung von den bestehenden Werten ist notwendig, um Menschen zu sensibilisieren und zu öffnen für die Werteordnung Gottes und seine energetische Gegenwart. Der geistige Herrschaftswechsel, der sich in den Herzen der Menschen vollziehen muss, wird in der Heiligen Schrift sinnbildlich mit einem beschwerlichen Geburtsgeschehen verglichen, das der Gegenwart Gottes in uns zum Durchbruch verhelfen will (Matthäus 24:6, 8; Johannes 16:19-22; Galater 4:19).

Auch Jesus Christus machte mit sinnbildlichen Veranschaulichungen deutlich, dass Altes nicht mit Neuem kombiniert werden sollte (Lukas 5:36-39; Matthäus 9:16-17; Markus 2:21-22): Der Flicken aus neuem Tuch und der junge Wein stellen sinnbildlich Gottes Heiligen Geist dar, der nur in Verbindung mit **neuwertigem** Stoff und **neuen** Weinschläuchen - einer erlösten, Gott zugewandten Menschheit - seine heiligende Bestimmung erfüllen kann. So wird Gottes neue Weltordnung erst kommen, wenn die Menschheit spirituell "reif" ist, diesen Weg mit ihm zu gehen.

So sicher wie Mutterglück und Vaterfreuden der Geburt eines Kindes folgen, so sicher sind den Menschen mit einem "geistigen Geburtserleben" endlose Segnungen unter dem nahenden messianischen Reich.

Der Apostel Paulus spricht:

„Denn ich bin durchs Gesetz dem Gesetz gestorben,

damit ich Gott lebe.

Ich bin mit Christus gekreuzigt.

Ich lebe, doch nun nicht ich,

sondern Christus lebt in mir."

(Galater 2:19-20)

„Gelobt sei Gott,

der Vater unseres Herrn Jesus Christus,

der uns nach seiner großen Barmherzigkeit

wiedergeboren hat zu einer lebendigen Hoffnung

durch die Auferstehung Jesu Christi von den Toten, ..."

(1. Petrus 1:3)

Kapitel 5

Auf dem Weg zum geistigen Geburtserleben
(Vorwort)

Johannes 3:1-8

Es war aber ein Mensch unter den Pharisäern mit Namen Nikodemus, einer von den Oberen der Juden. der kam zu Jesus bei Nacht und sprach zu ihm: „Meister, wir wissen, du bist ein Lehrer, von Gott gekommen; denn niemand kann die Zeichen tun, die du tust, es sei denn Gott mit ihm."
Jesus antwortete und sprach zu ihm: „Wahrlich, wahrlich, ich sage dir: „Es sei denn, dass jemand von neuem geboren werde, so kann er das Reich Gottes nicht sehen."
Nikodemus spricht zu Ihm: „Wie kann ein Mensch geboren werden, wenn er alt ist? Kann er denn wieder in seiner Mutter Leib gehen und geboren werden?"
Jesus antwortete: „Wahrlich, wahrlich, ich sage dir: Es sei denn, dass jemand geboren werde aus Wasser und Geist, so kann er nicht in das Reich Gottes kommen. Was vom Fleisch geboren ist, das ist Fleisch; und was vom Geist geboren ist, das ist Geist. Wundere dich nicht, dass ich dir gesagt habe: Ihr müsst von neuem geboren werden. Der Wind bläst, wo er will, und du hörst sein Sausen wohl; aber du weißt nicht, woher er kommt und wohin er fährt.
So ist es bei jedem, der aus dem Geist geboren ist."

5. Auf dem Weg zum geistigen Geburtserleben

„...meine lieben Kindlein, mit denen ich wiederum Geburtsschmerzen habe, bis Christus in euch Gestalt gewinnt."
(der Apostel Paulus in Galater 4:19, Neue-Welt-Übersetzung)

Auf dem Weg zum "geistigen Geburtserleben" muss die Menschheit den krisenreichen Schlussteil der bestehenden Weltordnung passieren. In diesem Zeitabschnitt wird mit der Loslösung und Neuausrichtung der Menschheit die Glaubensgrundlage gebildet für das gesamte Heil- und Wiederherstellungsgeschehen in Gottes neuer Weltordnung.

Dass das Erlösungsgeschehen der Menschheit planvoll und strukturiert verläuft, durfte ich erkennen, als ich mein Erlösungsgeschehen und das meiner Schwester analysierte.

Ich geriet im Alter von 20 Jahren, sehr bald nach meiner Ausbildung zur Druckvorlagenherstellerin, in den Strudel des geistigen Loslösegeschehens. Hier kurz das Wesentliche:

In der Zeit von 1980 - 1982 erlebte ich die intensive Phase der Loslösung: Das Arbeiten mit Chemikalien belastete zunehmend meine psychische Gesundheit und mein Gewissen. Mit jedem Tag wurde mir deutlicher, dass ich diesen Beruf nicht dauerhaft würde ausführen können. Denn in meinem Leben wollte ich es keinesfalls verantworten, mich und Mutter Erde mit Schadstoffen zu belasten. Diese negativen Erfahrungen hatten mein Leben nachhaltig geprägt und mich aus meinem Beruf herausgedrängt.

Der Loslösephase folgte eine zweijährige Zeit der Erholung, Neuorientierung und Suche (Arbeitslosigkeit). Meine aufrichtige Suche nach alternativen Lebenswegen und einer grundlegenden Neuausrichtung der Menschheit führte mich schließlich zur erlösenden, biblisch fundierten Königreichsbotschaft, die ein phänomenales geistiges Wiedergeburtserleben in mir bewirkte: Ich fühlte mich durch die frohe Botschaft des Evangeliums in überströmender Weise von Gott geliebt und erlebte eine Leichtigkeit und Freude, wie nie zuvor in meinem Leben. Die inspirierten Worte, insbesondere des Neuen Testamentes, entsprachen in einer erstaunlichen und faszinierenden Weise meiner Erlebens- und Gefühlswelt.

Um dem heiligen Geheimnis dieses wunderbaren Neuerlebensgefühls näher zu kommen, analysierte ich den Ablauf des Geschehens. Schließlich erkannte ich in dem Erlösungsgeschehen einen göttlichen Heilsplan mit drei aufeinander folgenden elementaren Erlebensphasen:

die **Loslöse- und Trennungsphase**

die **Rehabilitations- und Sehnsuchtsphase**

die **Neuerlebensphase – Erlösung**

Auf dem Weg zum "geistigen Geburtserleben", dem Hervorbringen bzw. Wiederbeleben der Gottesbeziehung, durchlaufen alle Menschen diese drei elementaren Erlebensphasen. Jede Phase ist gleichermaßen wichtig und hat eine besondere Bedeutung:

Die **Loslösephase** ist eine Zeit der Krisis und des Umbruchs, in der sich die Menschen von ausgedienten Werten und Lebenskonzepten lösen, die nicht mehr ihre sein können - in der sozusagen die "alte Persönlichkeit erstirbt" (Römer 6:2, 6-7). Um die Neuerlebensphase erreichen zu können, ist es vor allem in dieser Phase entscheidend, Durchhaltevermögen aufzubringen; den schmerzlichen Regelungsprozess in dem festen Glauben durchzustehen, dass daraus etwas Wunderbares gebiert. Die heftigen Loslösewehen sind nur von relativ kurzer Dauer und entfalten im Nachhinein eine positive Wirkung, wenn der Gutglaube beibehalten wird.

Die sich anschließende **Rehabilitationsphase** ist eine Zeit der Erholung, Neuorientierung und Suche:

Weniger heftige Loslösereize bestimmen diese Phase und regen in konstruktiver Weise an, nach einem neuen erfüllten Lebensweg Ausschau zu halten. Es werden gedanklich Wünsche und Werte visualisiert, die für das eigene Leben von elementarer Bedeutung sind: zum Beispiel die Wiedererlangung der Gesundheit, die Gemeinschaft mit einem verstorbenen Angehörigen, gute Lebens- und Arbeitsbedingungen, friedliche und gerechte Lebensverhältnisse, eine intakte Umwelt etc. Mit diesen edlen Gedanken und Wünschen ziehen Menschen die "neue Persönlichkeit" an und nahen sich herzensmäßig der verheißenen messianischen Werteordnung, in der tatsächlich jeder Herzenswunsch erfüllt werden wird (Epheser 4:23-24). Kraft sehnsüchtiger Gedanken entwickeln sie sich zu einem geistigen Teil der neuen Weltordnung, obwohl diese noch nicht ins Dasein gekommen ist; kraft sehnsüchtiger Gedanken wachsen auch der Glaube und die spirituelle Wahrnehmung für das geistige göttliche Bezugssystem.

Ist die spirituelle Reife für die Gottführung errungen, setzt sich der messianische Einfluss durch und vermittelt den Menschen die Bestätigung bzw. Erfüllung ihres Herzenswunsches durch erlöste, glaubensstarke Personen. Der Himmel sorgt dafür, dass entsprechende Führungen und Begegnungen zur rechten Zeit geschehen, sofern danach gesucht wird.

So empfangen Menschen kraft des **wirksamen Wortes Gottes** ein einzigartiges **Erlösungs-** und Heilsgeschehen, das sie herzensmäßig für immer mit Gott Vater verbindet. Sie erleben am eigenen Körper die heiligende Kraft der **wirksamen** Liebe Gottes und werden in ein unbeschreiblich schönes Glücksgefühl erhoben (1.Johannes 5:1). Durch dieses phänomenale geistige Geburtserleben wird das Leben gebende Verhältnis zu Gott Vater wiederbelebt, das Adam und Eva zu Beginn der Menschheitsgeschichte auf tragische Weise verloren. Es ist Grundlage für ein fortschreitendes Heilsge-schehen, das in der "Wiedergeburt aller ursprünglichen Dinge" gipfelt (Mat-thäus Kap. 19:28).

Unzählige "Regelungen" wird die Menschheit auf diesem Weg noch zu be-stehen haben, dem Erlösungsgeschehen ähnlich. Doch keine ist so bedeu-tend, so bewegend, so fordernd und beglückend zugleich, wie eben diese erste große Regelung, durch die das einmütige Verhältnis zu Gott Vater be-gründet wird.

Hinsichtlich des geistigen Geburtserlebens ist zu bemerken:

Für die berufene "kleine Menschheitsgruppe" hat das Wiedergeburtserle-ben eine besonders tiefgehende geistige Dimension.

Für sie wird nicht nur das einmütige Verhältnis zu Gott Vater wiedergebo-ren, sondern - sie werden kraft des Heiligen Geistes Gottes als seine "geis-tigen Söhne gezeugt",[3] als Adoptivkinder "von Gott geboren" und als "neue Kreatur" bezeichnet. Sie erfahren eine wirkliche "neue Geburt", lt. Luther-Übersetzung, "Wiedergeburt" gemäß der Neue-Welt-Übersetzung, die eine Teilhaberschaft an der himmlischen Natur und der messianischen Regie-rung Gottes begründet. Ihr Thron und ihr Zepter ist in den Himmeln aufbe-halten für sie (Johannes 1:12-13; 2. Korinther 5:17; 1. Petrus 1:3-4). Wenn sie ihren irdischen Lauf beendet haben, dienen sie mit Christus in der himmlischen Königreichsregierung Gottes.

Jesus Christus spricht:

„Es sei denn, dass jemand geboren werde aus Wasser und Geist,

so kann er nicht in das Reich Gottes kommen."

(Johannes 3:5)

---

3 Siehe Buch: „Einsichten über die Heilige Schrift", Band 2, Seite 970, christli-che Söhne Gottes, Bibel- und Traktat Ges., Selters/Taunus.

Kapitel 6

Die zwei Erlösungswege

(Vorwort)

Jesus Christus spricht:

„Ich bin der gute Hirte und kenne meine Schafe
und die Meinen kennen mich,
wie mich mein Vater kennt und ich kenne den Vater.
Und ich lasse mein Leben für die Schafe.

Und ich habe noch **andere** Schafe, die sind nicht aus diesem Stall;
auch sie muss ich herführen,
und sie werden meine Stimme hören,
und es wird **eine** Herde und **ein** Hirte werden."
(Johannes 10:14-16)

6. Die zwei Erlösungswege

„Denn es ist **ein** Gott und **ein** Mittler

zwischen Gott und den Menschen,

nämlich der Mensch Christus Jesus,

der sich selbst gegeben hat

für alle zur Erlösung."   (1.Timotheus 2:5)

Die Aufarbeitung meines Erlösungsgeschehens hat mir auch geholfen, das globale Erlösungs- und Heilsvorhaben Gottes mit der Menschheit zu verstehen. Insbesondere die Auslegung der Offenbarung ist mir so möglich geworden, die den turbulenten Übergang von der alten in Gottes neue Weltordnung beschreibt.

Mein Verständnis vom nahenden globalen Erlösungsgeschehen vervollständigte sich, als ich das Erlösungsgeschehen meiner Zwillingsschwester miterlebte und aufarbeitete, das sich einige Jahre nach meiner Erlösung zutrug:

Auch ihr Erlösungs- und Heilsgeschehen gründete auf den drei elementaren Erlebensphasen: der Loslöse-, der Rehabilitations- und Neuerlebensphase. Doch waren ihre Erlebensphasen zeitlich und inhaltlich anders strukturiert als meine Erlebensphasen. So war ihre Loslösephase zwar kürzer, aber um ein Vielfaches intensiver und heftiger als mein Loslösegeschehen. Auch beim Heilsgeschehen gab es Abweichungen. So entfaltete sich ihr Neuerlebensgefühl durch ihren errungenen Glauben an Gottes Heilkraft und ihre dadurch bewirkte vollständige Heilung, während es bei mir der Glaube an die messianische Wiederherstellungsvorkehrung und die Freude über Gottes gerechte, neue Weltordnung war, welche das Neuerlebensgefühl zündeten. Bei meiner Schwester waren es also überwiegend Segnungen buchstäblicher Natur; bei mir Segnungen überwiegend geistiger Natur, die das Wiedergeburtserleben begründeten.

Durch diese Betrachtung durfte ich erkennen, dass die Offenbarung sinnbildlich zwei Erlösungswege aufzeichnet: den der auserwählten "kleinen Menschheitsgruppe" und den der "allgemeinen Menschheit". Mir wurde deutlich, dass mein Erlösungsgeschehen identisch ist mit dem der "kleinen Menschheitsgruppe", den Erben himmlischer Verheißungen; und das Erlösungsgeschehen meiner Schwester den Erlösungsweg der "allgemeinen Menschheit" widerspiegelt, den Erben irdischer Segnungen.

Beim Studieren des 12. Kapitels der Offenbarung wurde mir zudem deutlich, dass sich das geistige Neuordnungsgeschehen hin zur messianischen Regentschaft nicht nur auf der Erde, sondern auch im Himmel vollzieht und von der Reihenfolge her, das erste messianische Geburtsgeschehen war (Offenbarung 12:1-12). Dem himmlischen Neuordnungsprozess, der mit der Inthronisierung Christi begann und mit der Einsammlung seiner Mitberufenen aus der Menschheit vermutlich Ende des 20. Jahrhunderts abgeschlossen war, schließt sich das Erlösungsgeschehen der "allgemeinen Menschheit" an. Es ist das zeitlich letzte messianische Geburtsgeschehen und steht nun unmittelbar bevor.

Da selbst die himmlische Sphäre von dem geistigen Einfluss des Widersachers Gottes erlöst und gereinigt werden musste, wie viel mehr erst die Erde! Es ist nicht möglich, sich auf rein verstandesmäßiger Ebene von dem geistigen Einfluss des derzeitigen Weltherrschers loszulösen. Der Übergang in die messianische Führung setzt immer ein emotional geprägtes geistiges Geburtsgeschehen voraus.

Jesus Christus anerkannte diese geistigen Gesetzmäßigkeiten, denn er setzte Gottes Reich nicht während seines irdischen Dienstes ein, noch als er im Himmel zu einer übergeordneten Stellung erhöht worden war. Sondern, er unterordnete sich dem Willen seines Vaters und setzte sich zu seiner Rechten, **fortan wartend**, bis durch Gottes unendlich große Langmut und Güte, **die Augen und Herzen aller auf die Rettungsvorkehrung seines messianischen Reiches gerichtet sind** (Hebräer Kap. 10:12, Psalm 110:1, Philipper 2:10).

Hätte Christus seinerzeit die Weltführung übernommen, dann würden wir in einer geordneten und augenscheinlich heilen Welt leben. Es hätte all die Kriege und Krisen nicht gegeben, noch würde es sie geben.

Doch wie sollten wir uns dann vom Unguten lösen? Wie könnte unsere "alte Persönlichkeit" sterben und wir die „neue Persönlichkeit" anziehen, wenn das Böse nicht zugelassen wäre?

Erlösung wäre so keinesfalls möglich!

Fazit:

Das Erlösungsgeschehen ist ein geistiges Geburtsgeschehen.

Es entwickelt sich **aus** der Krise und **durch** die Krisis.

Ohne geistig-emotionale Loslösewehen kann es kein Wiedergeburtserleben und keine Erlösung geben. Wird die Loslösephase vorzeitig abgebrochen, ist auch das geistige Geburtsgeschehen hinfällig.

„Darin ist erschienen die Liebe Gottes unter uns,
dass Gott seinen eingeborenen Sohn gesandt hat in die Welt,
damit wir durch ihn leben sollen.
Darin besteht die Liebe:
nicht dass wir Gott geliebt haben,
sondern dass er uns geliebt hat und gesandt seinen Sohn
zur Versöhnung für unsere Sünden."
1. Johannes 4:9-10

„In ihm haben wir die Erlösung durch sein Blut,
die Vergebung der Sünden,
nach dem Reichtum seiner Gnade,
die er uns reichlich hat widerfahren lassen
in aller Weisheit und Klugheit."
Epheser 1:7

„In ihm seid auch ihr,
die ihr das Wort der Wahrheit gehört habt,
nämlich das Evangelium von eurer Seligkeit -
in ihm seid auch ihr, als ihr gläubig wurdet,
versiegelt worden mit dem Heiligen Geist, der verheißen ist,
welcher ist das Unterpfand unseres Erbes, zu unserer Erlösung,
dass wir sein Eigentum würden zum Lob seiner Herrlichkeit."
Epheser 1:13-14

6.1 Das Loslösegeschehen der zwei Menschheitsgruppen

(Offenbarung Kapitel **7**, 8-9, 14, 16)

„Geht hinein (⁴*in das Reich Gottes) durch die enge Pforte,

denn die Pforte ist weit und der Weg ist breit, der zur Verdammnis führt,

und viele sind`s, die auf ihm (*in das Reich Gottes) eingehen.

Wie eng ist die Pforte und wie schmal der Weg, der zum Leben führt,

und wenige sind`s, die ihn finden.“

Matthäus 7:13-14

Die bestehende alte Weltordnung bringt zwei "geistig reife" Menschheitsgruppen hervor, die im Loslösegeschehen für Gottes neue Weltordnung abgeerntet werden. In Offenbarung Kapitel 7 werden die beiden Menschheitsgruppen vorgestellt, die erlöst und geheiligt aus dem geistigen Loslösegeschehen hervorgehen:

Die erste Vision des 7. Kapitels (Verse 1-8) beleuchtet die auserwählte "kleine Menschheitsgruppe", die das zeitlich erste, bevorrechtigte Erlösungsgeschehen auf der Erde empfängt. Die Personen dieser Gruppe ziehen einen direkten Nutzen aus dem Loskaufsopfer Jesu Christi, indem sie **Glauben** ausüben an sein frohes Evangelium und seine christlichen Maßstäbe - für die er auf der Erde mit seinem Leben bezahlen musste. So erfahren sie das Heil und werden mit Gott versöhnt. Kraft ihres Wiedergeburtserlebens werden sie als geistige Söhne Gottes gezeugt und mit seinem Heiligen Geist für ihr königliches Erbe in den Himmeln versiegelt. Nach ihrem Heimgang bilden sie mit Christus die himmlische Regierung Gottes.

---

4 *Von mir, der Autorin, zum besseren Verständnis eingefügt.

Alle Mitberufenen Christi sollten nach Gottes ursprünglichem Vorsatz aus den 12 Stämmen der Nation Israel hervorgehen. Doch da die Nation nicht würdig war, die volle Zahl der himmlischen Erben hervorzubringen, wurde das Vorrecht auf würdige Personen aus allen Nationen ausgedehnt. Das von Christus geführte Erlösungs- und Einsammlungswerk seiner himmlischen Mitregenten begann zu Pfingsten 33 u. Z. und ist zum gegenwärtigen Zeitpunkt vermutlich abgeschlossen.

Gemäß den Versen 1-3 geschieht die Versiegelung der Mitregenten Christi während „die vier Engel an den vier Ecken der Erde die vier Winde der Erde festhalten." Die vier Winde der Erde sind ein Sinnbild für den heftigen Endzeitsturm, die "große Trübsal" auch "Armageddon" genannt. Die Versiegelung der „kleinen Menschheitsgruppe" **vor** dem krisenreichen Abschlussgeschehen versinnbildlicht ein gemäßigtes Loslöseklima. Wie aus Kapitel 8 der Offenbarung hervorgeht, ertragen bzw. benötigen Personen dieser Klasse nur "ein Drittel" der endzeitlichen "Wehen" für ihr Loslösegeschehen; wie bereits geschehen.

Der zweite Teil des 7. Kapitels (Verse 9-17) nimmt Bezug auf die „große Menschenschar", die allgemeine Menschheit, deren globales Loslösegeschehen sich im nahenden **Schlussteil** der bestehenden Weltordnung ereignet. Im Vers 14[5] wird über sie gesagt: „Das sind die, die gekommen sind aus der großen Trübsal und haben ihre Kleider gewaschen und ihre Kleider hell gemacht im Blut des Lammes." ... und riefen mit großer Stimme: „Das Heil ist bei dem, der auf dem Thron sitzt, unserem Gott, und dem Lamm!" (Vers 10). Wie sind diese sinnbildlichen Worte zu verstehen?

Die sinnbildliche Beschreibung der "allgemeinen Menschheit", **die in der große Trübsal ihre Kleider reinwäscht**, deutet auf ein heftiges Loslösegeschehen in einem rauen endzeitlichen Loslöseklima hin (Offenbarung 16;

---

5 Siehe Exkurs, Seite 60-61

14:17-20). Die Menschheit **erringt** damit die **Glaubensgrundlage** für ein von Gott kommendes weltweites Heil- und Wiederherstellungsgeschehen, das durch seine berufenden Vertreter an Christi statt vermittelt wird.

Die Verse 15-17 sichern der Menschheit endlose Segnungen unter der messianischen Weltführung zu: „ ... und der auf dem Thron sitzt, wird über ihnen wohnen. Sie werden nicht mehr hungern noch dürsten; es wird auch nicht auf ihnen lasten die Sonne oder irgendeine Hitze; denn das Lamm mitten auf dem Thron wird sie weiden und leiten zu den Quellen des lebendigen Wassers, und Gott wird abwischen alle Tränen von ihren Augen."

Auf die endzeitliche Symptomatik und das sinnbildlich dargestellte Loslöse- und Trennungsgeschehen der „kleinen Menschheitsgruppe" in Kapitel 8, 9 und 14 der Offenbarung, sowie der „allgemeinen Menschheit in Kapitel 14 und 16 der Offenbarung wird ausführlich eingegangen in meinem Buch:
Erlöse uns von dem Bösen, *Verlag BoD*

Fazit:

Die Menschenherrschaft führt uns in eine kritische Weltsituation, die Ausgangslage ist für ein weltweites Loslöse- und Trennungsgeschehen. Dieses Regelungsgeschehen ist ein schmerzlicher, aber unverzichtbarer Teil des Erlösungsgeschehens.

Jeder, der bereits heute in der Gottführung steht, hat die reinigende Kraft dieses geistigen Wasserbades zu spüren bekommen. Dazu gehört die vollständige Zahl geistgesalbter Personen, die durch ein gemäßigtes Loslösegeschehen gegangen ist, sowie eine kleine Anzahl von Personen aus der "großen Schar", die durch ein heftiges Loslösegeschehen zu Gott gefunden hat. Die übrige Menschheit wird zeitnah folgen.

Aufgrund der Heftigkeit des Loslösegeschehens zu schlussfolgern, diese Menschen seien gänzlich in Gottes Ungnade gefallen und der Erlösung nicht würdig, ist ganz eindeutig falsch! Die "allgemeine Menschheit" hängt den bestehenden Werteordnungen in einer besonderen Weise an, daher muss sich auch ihr Loslösegeschehen energischer darstellen.

Alle Menschen, die nicht zur "kleinen Herde" gesalbter Personen gehören, werden es auf ihrem Erlösungsweg in ähnlicher Weise erleben.

Exkurs:

Was bedeutet der Vers 14 in Kapitel 7 der Offenbarung?

Inwiefern reinigt die "große Schar" ihre Kleider in dem Blut Christi?

Als vollkommener Sohn Gottes hätte Christus das Recht gehabt, ewig auf der Erde zu leben und als Heilsbringer über die Menschheit zu regieren.

Doch wären so Erlösung und Sündenvergebung möglich?

Um dem Erlösungsvorhaben Gottes zu dienen, verzichtete Christus auf sein irdisches Zepter und erduldete einen schmachvollen und schmerzlichen Tod. Er ließ sich von der Weltbühne stoßen, um an der Seite Gottes auf sein himmlisches Zepter zu warten.

Dadurch ermöglicht er der Menschheit über den "Umweg der Gotttrennung" zu Erlösung und Gotteskindschaft zu gelangen. Über diesen Umweg eröffnet sich den Menschen ein "geistiges Geburtsgeschehen", eine wiedergeborene Leben gebende Gottesbeziehung.

Dafür hat Christus mit seinem Heilswirken und Sterben den Weg geebnet. Durch seine Hingabe, sein vergossenes heiliges Blut, sind wahre Sündenvergebung und Erlösung möglich.

Die Reinigung von sündigen Neigungen im Loslösegeschehen der "großen Trübsal" geschieht auf der Grundlage des vergossenen Blutes Christi.

Christi Langmut und Liebe gehen sogar soweit, dass er ein Wanken der irdischen Grundfesten in Kauf nimmt, um der "großen Menschenschar" zu einem heftigen Loslösegeschehen zu verhelfen, auf deren Basis Erlösung möglich ist. Ihr reiner und heiliger Stand vor Gott ist tatsächlich der Erlösungskraft des Blutes Christi zu verdanken.

6.2   Die Rehabilitationsphase

Erholung - Sehnsucht - Suche

„Kommt her zu mir, alle, die ihr mühselig und beladen seid;
ich will euch erquicken.
Nehmt auf euch mein Joch und lernt von mir;
denn ich bin sanftmütig und von Herzen demütig;
so werdet ihr Ruhe finden für eure Seelen.
Denn mein Joch ist sanft, und meine Last ist leicht."
(Matthäus 11:28-30)

„Bittet, so wird euch gegeben;
suchet, so werdet ihr finden;
klopfet an, so wird euch aufgetan.
Denn wer da bittet, der empfängt;
und wer da sucht, der findet;
und wer da anklopft, dem wird aufgetan."
(Matthäus 7:7-8)

Wer im Loslösegeschehen die "alte Persönlichkeit zu Grabe getragen hat", hat bereits das erste Etappenziel auf dem Erlösungsweg erreicht, die beschwerlichste Wegstrecke hinter sich gelassen und darf sich glücklich schätzen (Offenbarung 14:13, Matthäus 5:3).
Ein Geburtsgeschehen ist wahrlich kräftezehrend - auch ein geistiges:
Mit dem Hervorbringen, dem Gebären der Gottesbeziehung, geht oft eine heftige Erschöpfung einher, die eine Auszeit oder sogar einen "Lockdown" erforderlich macht. In dieser Zeit ist es notwendig, sich vollständig von jegli-

chen Verpflichtungen und Aufgaben zu lösen - sich zurückzuziehen und gänzlich durchzuerholen. Das kann durch eine Kur- oder Reha-Maßnahme unterstützt werden. Dadurch wird ausreichend Distanz geschaffen, neue Kraft zu schöpfen, Erlebtes aufzuarbeiten und Orientierung zu finden.

Meiner Loslösephase folgte eine zweijährige Arbeitslosigkeit, in der ich mich gründlich erholen und Zuversicht schöpfen konnte. Dieser Sabbat war für mich elementar wichtig und hat mir auf meinem Erlösungsweg entschieden weitergeholfen.

Zu Anfang der Rehabilitationsphase ist das Bedürfnis nach Ruhe und Erholung dominierend. Doch mehr und mehr formiert sich die Suche nach einem neuen erfüllten Lebensweg. Damit beginnt der eigentliche Prozess der geistigen Neuausrichtung:

Innige Herzenswünsche und Sehnsüchte, die so wachgerufen werden, prägen die "neue Persönlichkeit", „die nach Gott geschaffen ist in wahrer Gerechtigkeit und Heiligkeit" (Epheser 4:24). Der Menschheit wird bewusst, welche Werte wirklich wichtig und erstrebenswert für sie sind. Für die allgemeine Menschheit ist das der aufrichtige Herzenswunsch nach Gesundheit, intakter Umwelt, Gerechtigkeit und Frieden. Der Aspekt **Heilung** und **Gesundheit** ist allerdings der Dringlichste und übertrumpft alle anderen Wünsche - so bei meiner Zwillingsschwester geschehen.

Mit diesen edlen Wünschen und Gedanken naht sich die Menschheit, ohne es zu wissen, dem geistigen göttlichen Bezugssystem; der himmlischen Führung Christi, der den Herzenswünschen und Bedürfnissen aller Menschen gerecht werden kann und wird. Je inniger das Erhoffte herbeigesehnt wird, umso stärker wirken die geistigen Anziehungskräfte, die das Gute verwirklichen wollen.

Ist die notwendige Anziehungskraft errungen und die "neue Persönlichkeit" in ausreichendem Maße geprägt, sorgt Gott Vater dafür, dass der sehnsüchtige Herzenswunsch der Menschheit bestätigt wird. Ihre spirituelle Reife für den Christusglauben veranlasst ihn, seine erlösenden Heilsbotschaften zu übermitteln und sie in seine Führung zu erheben.

Er bedient sich dafür christusgläubiger Personen, die seine Wiederherstellungskraft glaubhaft vermitteln und aktivieren können. In diesem Erlösungswerk geht die Klasse gesalbter Personen führend voran.

Menschen, die kraft ihrer Sehnsucht richtig auf den "Empfang" der Heilsbotschaften Gottes "eingestellt" sind, empfangen mit den Worten eine geistige göttliche Sendung, durch die sie die Heilwirkung des Wortes Gottes am eigenen Körper erleben.

[6]**Heilung** und **Gesundheit** durch die **wirksame Kraft** des Wortes Gottes!

Das ist spürbare Erlösung und Gottesbegegnung, wenn sein Wort die Krankheit bannt und seine Liebe in den Herzen der Menschen machtvoll und stark wird!

Das ist die Geburt einer Leben gebenden Gottesbeziehung, die den Beginn des messianischen Reiches Gottes über die Erde markiert.

Das ist der Sieg Gottes und der Triumph seines messianischen Königs über die rivalisierenden Machenschaften ihres geistigen Widersachers.

---

6 Der Aspekt Heilung u. Gesundheit im Erlösungsgeschehen betrifft vorrangig die allgemeine Menschheit

6.3 Neuerlebensphase - Wiedergeburtserleben - Erlösung

Offenbarung 21:1-7, 22:1-2

„Fürchte dich nicht,

denn ich habe dich erlöst;

ich habe dich bei deinem Namen gerufen;

du bist mein."   (Jesaja 43:1)

„An jenem Tage werdet ihr erkennen,

dass ich in Gemeinschaft bin mit meinem Vater

und ihr in Gemeinschaft seid mit mir

und ich in Gemeinschaft bin mit euch."

(Johannes 14:20, Neue-Welt-Übersetzung)

Durch die Rehabilitationsphase nahen sich Menschen der geistigen Kommunikationsebene Gottes. Sie erringen einen gottesnahen Status, der es ihnen ermöglicht, sein Wort vom messianischen Reich und vom Heilwerden als reale Botschaft zu erleben. In diesem spirituellen Einklang führt die Bestätigung inniger Gefühle und Herzenswünsche von "höchster Ebene" zu einem phänomenalen geistigen Großerlebnis, das Jesus Christus in Johannes Kapitel 3, Vers 3 als geistiges Geburtserleben bezeichnete.

Sind alle Phasen des geistigen Neuordnungsgeschehens durchlaufen und die göttlichen Heilsbotschaften glaubensvoll und überzeugend vermittelt, zündet der Gottesfunke und stellt auf überwältigende Weise die Leben gebende geistige Verbindung zu Gott Vater her: Die als sehr beglückend empfundene Bestätigung innigster Wünsche öffnet die Herzen für den Empfang seiner heiligenden Kraft. So dringt der Heilige Geist Gottes mit hoher Intensität ein und wirkt wahrhaft Wunder.

Die wirksame Kraft Gottes wird als überströmendes Liebes- und Glücksgefühl erlebt, das so unbeschreiblich schön und erhebend ist, das es immer gegenwärtig und lebensbestimmend bleibt. Es ist das höchste und größte Erleben, das einem Menschen auf Erden zuteilwerden kann. Einen der schönsten und bewegenden Verse darüber verfasste der Apostel Paulus in seinem Brief an die Römer: „Denn ich bin gewiss, dass weder Tod noch Leben, weder Engel noch Mächte noch Gewalten, weder Gegenwärtiges noch Zukünftiges, weder Hohes noch Tiefes, noch eine andere Kreatur uns scheiden kann von der Liebe Gottes, die in Christus Jesus ist, unserem Herrn" (Römer Kapitel 8:38-39).

Diese alles überströmende Liebe Gottes erlöst von ausgedienten, belastenden Denk- und Glaubensmustern. Längst überfälliger sorgenreicher Ballast fällt wie ein schwerer Sandsack augenblicklich von den Menschen ab. Das Leben erfährt durch Gottvertrauen und Liebe eine nie gekannte Leichtigkeit und Freude und erhält ein sicheres und unerschütterliches Fundament. Selbst schwere Krankheiten und Konflikte lösen sich im Bewusstsein der Gottesliebe auf. Damit ist der vorherrschende geistige Einfluss niederer Bezugssysteme zunichte gemacht und die Menschheit im emotionalen Einklang mit dem Willen und Vorhaben Gottes.

Glücklich und heilig darf sich schätzen, wer im geistigen Wiedergeburtserleben mit Gott Vater vereint worden ist, denn er steht fortan unter dem Segen seiner Führung und vermag, aus dem Quell seiner Allmacht zu schöpfen. Er wird machtvoll und stark durch die in ihm wirksame Liebe. Das ist durch Menschen mit "frühen" Gotteserfahrungen, sowohl neutestamentarisch wie auch neuzeitlich, hinreichend belegt. Im Wiedergeburtserleben ergießt sich die volle Erlösungskraft des Loskaufsopfers Jesu Christi und seiner Mitberufenen, ein heiligender Befreiungsschlag, der zurückbringt, was verloren schien: ein vertrautes, einmütiges Verhältnis zu Gott Vater und ewiges irdisches Leben unter seiner himmlischen Regierung*.

„Wenn aber jemand Gott liebt, der ist von ihm erkannt", so schreibt es der Apostel Paulus in 1. Korinther 8, Vers 3. Er ist im Wiedergeburtserleben „vom Tode zum Leben hindurchgedrungen", wie es die Luther-Übersetzung in Johannes Kapitel 5, Vers 24 sagt; er ist Gott gegenüber zum Leben gekommen und hat seine wahre Identität und Bestimmung in Gottes neuer Werteordnung erkannt. Er ruht in Gott; und Gottes Geist in ihm (Hebräer Kap. 4:10, Johannes Kap. 14:23).

Es ist Gottes Wille, allen Menschen im gegenwärtigen und zukünftigen Erlösungsgeschehen zur Gottesnähe zu verhelfen, denn sein gesamtes Wiederherstellungswerk ist auf dem geistigen Fundament einer lebendigen Gottesbeziehung gegründet.

*Während mit dem Wiedergeburtserleben der "allgemeinen Menschheit" das Leben gebende **geistige Verhältnis** zu Gott Vater wiedergeboren wird, erfahren die Berufenen eine wahre Wiedergeburt. Ihr Wiedergeburtserleben hat eine besonders tief gehende geistige Dimension: Sie werden als **geistige Söhne Gottes gezeugt** mit der Aussicht auf Thron und Zepter in der himmlischen (messianischen) Regierung Gottes. Sie erlangen damit Unsterblichkeit (siehe Offenbarung 20:6).

7. Erben himmlischer Verheißungen

Gottes himmlische Königreichserben ...
wiedergeboren für einen heiligen Zweck

„Gelobt sei Gott, der Vater unseres Herrn Jesus Christus,
der uns nach seiner großen Barmherzigkeit wiedergeboren hat
... zu einem unvergänglichen ... Erbe,
das aufbewahrt wird im Himmel für euch ...“
(1. Petrus 1:3-4)

„Und ich sah Throne und sie setzen sich darauf ...
sie werden Priester Gottes und Christi sein
und mit ihm regieren tausend Jahre.“
(Offenbarung 20:4,6b)

Gemäß der Heiligen Schrift erfahren Glieder der auserwählten "kleinen Menschheitsgruppe" mit ihrem Neuerlebensgefühl eine geistige Wiedergeburt, wodurch sie als Gottes geistige Söhne und Königreichserben gezeugt werden. Sie ziehen mit der beglückenden und erlösenden Botschaft von Gottes messianischem Reich gleichsam seinen Heiligen Geist an, der ihnen einen einzigartigen geistigen Status verleiht. So werden sie durch ihre starke Identifikation mit dem Willen und Vorhaben Gottes in seine himmlische Familie hineingeboren.

Wie kann man sich das bildlich vorstellen?

So wie Mann und Frau sich in ihrer Liebe buchstäblich vereinen, so werden Auserwählte durch ihre überschwängliche Liebe zum messianischen Reich geistig mit ihrem himmlischen Vater vereint. Sein Heiliger Geist befruchtet ihre empfänglichen Herzen und zeugt sie als geistige Kinder seiner himmlischen Familie - als zukünftige Erben seiner messianischen Regierung.

Gemäß den Worten des Apostels Paulus werden berufene Personen durch ihren Glauben an die messianische Botschaft "ihrer Rettung" mit Heiligem Geist versiegelt, der ein im Voraus gegebenes Unterpfand ihres königlichen Erbes ist (Epheser 1:13-14; 2. Korinther 1:21-22; 1. Johannes 5:4).

Auf mich trifft das voll und ganz zu!

Die frohe Botschaft von Gottes messianischem Reich war vor 37 Jahren tatsächlich "meine Rettung":

Ich suchte für mich und "Mutter Erde" eine reale Zukunftsperspektive. Wie die Jugendlichen, die heute für mehr Klimaschutz demonstrieren, war auch ich betrübt und frustriert über den besorgniserregenden Zustand unserer schönen Erde. Ich hatte ein düsteres Bild von meiner und aller Menschen Zukunft. Aufrichtig und akribisch suchte ich nach einem Ausweg aus dem Dilemma, fand aber keine schlüssige, wirklich befriedigende Problemlösung. Das belastete mich und meine Gesundheit zunehmend. Mit Bestimmtheit kann ich sagen: Keine weltliche Institution, kein Arzt und keine noch so lange Therapie hätte mir helfen können, mich von meinen ungelösten Fragen und Sorgen zu erlösen.

Doch die frohe Botschaft von Gottes nahendem Reich vermochte das alles! Ich erhielt eine auf die Bibel gestützte fundierte Antwort und erfasste sofort, das Gottes messianisches Reich das einzig wahre Konzept ist, um alle Probleme auf Erden grundlegend zu lösen.

Ich hatte eine reale Zukunftshoffnung für mich gesucht, ein Licht im Dunkeln - und fand so unsagbar viel mehr!

Ich erlebte am eigenen Körper die Erlösungskraft des frohen Evangeliums, spürte, wie sich mir durch die frohe Botschaft der geistige Zugang zu Gott Vater und seiner überströmenden Liebe erschloss. Ich war hocherfreut und beglückt darüber, dass mein Herzenswunsch mit dem Vorhaben Gottes im Einklang ist; dass all das, was mir elementar wichtig ist, auch für ihn oberste Priorität hat - **mein Herz jubelte!** Doch meine Freude sollte noch getoppt werden:

Als ich mir der himmlischen Berufung bewusst wurde, stieg meine Freude ins Unermessliche. Ich fühlte mich von Gott so reich beschenkt und geliebt, war so überwältigt von der Gnade und Gunst, die er mir erwies, dass ich mein "Glück" nicht fassen konnte. Die unermessliche Freude und Dankbarkeit darüber hat mich stets beflügelt, seinem Erlösungs- und Wiederherstellungsvorhaben zu dienen. Engagiert helfe ich seinem Christus, das zu verkünden und zu forcieren, was mich in Liebe und Leidenschaft mit ihm vereint hat - den Glauben an eine paradiesisch gestaltete Erde mit Menschen, die ewig darauf leben werden.

Allen gesalbten Christen ist es ein Herzensbedürfnis anderen **die** frohe Botschaft zu vermitteln, die ihnen selbst zum Heil geworden ist . Wie Christus sind sie berufen, die gute Botschaft vom messianischen Reich auf der ganzen bewohnten Erde zu verkünden.

Der Apostel Petrus schrieb über gesalbte Christen: „Ihr aber seid das auserwählte Geschlecht, die königliche Priesterschaft, das heilige Volk, das Volk des Eigentums, dass ihr verkünden sollt die Wohltaten dessen, der euch berufen hat von der Finsternis zu seinem wunderbaren Licht " (1. Petrus 2:9).

Gott hat geistgesalbten Personen den Glauben an sein messianisches Reich eingepflanzt. Sie sind Zeugen und Bürgen seines nahenden Wiederherstellungsvorhabens mit der Menschheit. Christus veranschaulichte ihren einzigartigen geistigen Zustand mit folgenden sinnbildlichen Worten: „Wer aber von dem Wasser trinken wird, das ich ihm gebe, den wird in Ewigkeit nicht dürsten, sondern das Wasser, das ich ihm geben werde, das wird **in**

ihm eine Quelle des Wassers werden, das in das ewige Leben quillt" (Johannes 4:14). „Wen da dürstet, der komme zu mir und trinke! Wer an mich glaubt, wie die Schrift sagt, von dessen Leib werden Ströme lebendigen Wassers fließen" (Johannes 7:38).

Die "Wasser der Wahrheit" in Jesu Veranschaulichung versinnbildlichen seine frohe Botschaft vom Königreich, die sich in den Herzen seiner gläubigen Mitberufenden zu einem Quell des Heiligen Geistes Gottes und des Königreichsverständnisses entwickeln. In ihrem Innern gebiert ein Leben gebender Geist, der sie wie Christus in den heiligen Stand erhebt, Leben in sich selbst zu haben. Sie dienen somit als Christi autorisierte Vertreter und sind wie er Mittler des Heiligen Geistes Gottes. Ihr vollkommener Glaube stattet sie mit von Gott kommender Autorität aus, seinen Willen auf der Erde zu vertreten. Und das nicht nur während ihres irdischen Dienstes, sondern auch über ihren leiblichen Tod hinaus.

Wie Christus besitzen sie kein irdisches Bleiberecht. Wie er setzen sie ihr Leben vorbehaltlos für die Interessen Gottes ein, damit der Menschheit Erlösung und Heil zu Teil werden kann. Daher sterben sie "in der Gleichheit" seines Todes. Wie Christus werden sie aber zu unsterblichem, himmlischem Leben auferweckt und erhalten eine erhabene Stellung in der messianischen Regierung Gottes. Als Leben gebende Geistgeschöpfe nehmen sie dann Einfluss auf das Weltgeschehen; üben unsichtbar aber wirksam die Weltführung aus (1. Korinther 15:45).

Jesus Christus wies während seines irdischen Dienstes auf eine auserwählte Menschheitsgruppe hin, die mit ihm in Gottes himmlischen Reich regieren wird, als er zu seinen Jüngern sprach: „Ihr aber seid's, die ihr ausgeharrt habt bei mir in meinen Anfechtungen. Und ich will euch das Reich zueignen, wie mir's mein Vater zugeeignet hat, dass ihr essen und trinken sollt an meinem Tisch in meinem Reich und sitzen auf Thronen und richten die zwölf Stämme Israels ..." (Lukas 22:28-30).

Der Apostel Johannes sah sie in einer Vision bereits verherrlicht auf dem himmlischen Berg Zion zusammen mit dem Lamm, dem auferweckten Herrn Jesus Christus. Johannes gab zudem ihre Zahl bekannt (Offenbarung 14:1, 4b-5). Ergänzend lesen wir dazu in Offenbarung Kapitel 5 und 20: „Denn du (Christus) bist geschlachtet und hast mit deinem Blut Menschen für Gott erkauft aus allen Stämmen und Sprachen und Völkern und Nationen und hast sie unserm Gott zu Königen und Priestern gemacht, und sie werden herrschen auf Erden." (Offenbarung 5:9-10). „Und ich sah Throne und sie setzten sich darauf ... sie werden Priester Gottes und Christi sein und mit ihm regieren tausend Jahre" (Offenbarung 20: 4a, 6).

Gesalbten Christen des ersten Jahrhunderts war bewusst, dass sie ihre Erlösung vom Gesetzesglauben und ihre wiedergeborene Gotteskindschaft dem Opfertod Jesu Christi zu verdanken hatten. Von Dankbarkeit beflügelt kamen sie dem Auftrag Jesu Christi nach, seine Evangelisation fortzusetzen, um nach weiteren himmlischen Miterben Ausschau zu halten. So wurde anfangs nur den Juden, später allen Menschen humane und gerechte Lebensverhältnisse unter Gottes messianischem Reich verkündet. Auf diese Weise wurde vielen, die durch ihre Unzulänglichkeit vor dem Gesetzesbund und anderen obrigkeitlichen Gewalten in Bedrängnis gerieten, Erlösung durch das frohe Evangelium zu Teil.

Das ist auch heute, nahe vor dem Abschluss der bestehenden Weltordnung nicht anders. Die frohe Botschaft von Gottes messianischem Reich, die im neuzeitlichen Erlösungsgeschehen auf empfängliche Herzen trifft, ist genauso wirksam wie zu urchristlicher Zeit. So wurde zu Beginn des 20. Jahrhunderts der urchristliche Auftrag der Evangelisation wiederbelebt und in weltweitem Umfang fortgesetzt. So konnte vielen Menschen, die ohne Hoffnung im Leben waren, durch Rat und Aufschluss aus der Heiligen Schrift geholfen werden. Insbesondere aber konnten die restlichen Glieder der himmlischen Klasse gefunden und mit Heiligem Geist versiegelt werden, um deren Willen der Predigtauftrag Jesu Christi erteilt wurde. Mit ihrem einzigartigen Wiedergeburtserleben sind sie die größten Nutznießer der urchristlichen und neuzeitlichen Evangelisation.

Doch warten neue Aufgaben auf sie:

So sorgen die Verbliebenen der gesalbten Christen dafür, dass sich das nahende Abschlussgeschehen in ein Erlösungs- und Heilsgeschehen für die Menschheit wandeln kann. An Christi statt vermitteln sie endlose von Gott kommende Segnungen und verwirklichen sein wunderbares Wiederherstellungsvorhaben auf Erden. *Unter ihrer Federführung entsteht eine neue theokratisch geprägte Werteordnung, die deutlich sichtbar und spürbar werden lässt, das Gottes Wille auf Erden geschieht (Matthäus 6:10).

*Exkurs:

Gottes neue Werteordnung

Das Bewusstsein für den Umwelt- und Klimaschutz ist in den letzten Jahren deutlich gewachsen. Unsere krisengeschüttelte Zeit bringt es mit sich, dass immer mehr Menschen sensibilisiert werden für diese überlebenswichtige Thematik. Besorgt stellen sie ihr Leben und das der globalen Welt auf den Prüfstand und erkennen, dass große Veränderungen notwendig sind, um unseren einzigartigen Planeten Erde zu wahren.

Ja, unsere gegenwärtige kapitalistische Weltordnung, die von materiellem Besitzstreben und Konkurrenzdenken geprägt ist, wird ihre Anziehungskraft verlieren und Platz machen für eine Ordnung, in der Gottes Wertmaßstäbe brillieren und Liebe die Antriebsfeder ist - eine Ordnung, die von Grundlegung der Welt an für die Menschheit bestimmt gewesen ist:

In Gottes messianischer Werteordnung steht seine Schöpfung im Mittelpunkt des Geschehens und alle anderen kommerziellen und effizienzorientierten Wertmaßstäbe positionieren sich untergeordnet darum zu. Bei allen Entscheidungen geht es immer vorrangig darum, der Schöpfung zu dienen und die Lebensgrundlagen zu wahren, Gerechtigkeit zu wirken und Frieden zu stiften - gemäß Psalm 145, Vers 16: „Du öffnest deine Hand und sättigst das Begehren alles Lebenden."

In dieser Werteordnung des Lebens sind die christlichen Maßstäbe der Nächstenliebe und Vergebung zu Hause und es kann sich der Geist des Grundgesetzes (§1, die Würde des Menschen ist unantastbar) in vollem Umfang entfalten.

Alle, insbesondere aber Grundsatzentscheidungen, werden in der messianischen Weltregierung unter Gebet gestellt und entsprechen den Grundsätzen der Heiligen Schrift und "dem Gesetz des Christus". Es gilt jeweils, die rechte Wegweisung Gottes zu ergründen und danach zu verfahren ... Die besondere Nähe der gesalbten Regierungsmitglieder zu Gott und seinen gerechten Maßstäben sind eine Garantie dafür, dass die getroffenen Entscheidungen seinem Willen entsprechen.

„Ist jemand in Christus, so ist er eine neue Kreatur;
das Alte ist vergangen, siehe, Neues ist geworden."
(2. Korinther 5:17)

7.1   Erben irdischer Segnungen

Gottes irdische Königreichserben ...

Sanftmütige, die die Erde erben werden.

„Du tust deine Hand auf,

und sättigst alles, was lebt,

nach deinem Wohlgefallen."   (Psalm 37:11)

„Dann werden die Augen der Blinden aufgetan,

und die Ohren der Tauben geöffnet werden.

Dann werden die Lahmen springen wie ein Hirsch,

und die Zunge der Stummen wird frohlocken.

Denn es werden Wasser in der Wüste hervorbrechen

und Ströme im dürren Lande."

(Jesaja 35:5-6)

Die "allgemeine Menschheit" erfährt in der Neuerlebensphase ein buchstäbliches Heilsgeschehen; die Erlösung von belastenden Erkrankungen, selbst solcher mit chronischem und sogenanntem „unheilbarem" Verlauf. Ihr empfänglicher und gläubiger Herzensboden ermöglicht es ihr, die **wirksame Kraft** des Wortes Gottes vom Heilwerden, am eigenen Körper zu erleben (Offenbarung 7:9-10, 16-17). Mit der Heilserfahrung entsteht eine Leben gebende innige Beziehung zu Gott Vater; eine Gottesbegegnung, die als außerordentlich beglückend empfunden wird und für immer lebensbestimmend bleibt. Menschen spüren die wirksame Kraft der Liebe Gottes und vermögen dadurch, ihre Gesundheit und ihre ganzheitliche Lebenssituation heilsam zu beeinflussen.

Wer auf so ergreifende Weise die **wirksame Kraft** des Wortes Gottes erlebt hat, für den sind die Wunderheilungen Jesu Christi zur Realität geworden. Der versteht die Worte, die Jesus geheilten Personen mit auf den Weg gab: „Dein Glaube hat dich gesund gemacht; geh hin in Frieden" (Lukas 8:48) und: „So, wie du geglaubt hast, so geschehe dir" (Matthäus 8:13).

Der **errungene Glaube** an Gottes Heilkraft und Allmacht ist der Schlüssel für das gesamte Heil- und Wiederherstellungsgeschehen in Gottes neuer Weltordnung. Wenn der Gottglaube nur tief genug im Herzen verankert ist, beginnen sich alle Dinge zu ordnen und zu harmonisieren, weichen selbst schwere Krankheiten, nehmen selbst problematische Situationen einen segensreichen Verlauf. Jesus Christus bestätigte gemäß der Evangelisten Matthäus und Lukas die große Bedeutung des "errungenen" Glaubens für das Heilsgeschehen der Menschen (Matthäus 17:19-20; Lukas 17:5-6).

Um gläubige, empfängliche Menschen mit sich zu versöhnen, bedient sich Gott Vater befähigter Mittler - erlöster Personen. Aus einer persönlichen Betroffenheit meiner Schwester kann ich ableiten, dass die geistigen Heilslehren Bruno Grönings eine wichtige Mittler- und Brückenfunktion im globalen Erlösungs- und Heilsgeschehen der "allgemeinen Menschheit" haben werden. Die Lebensregeln vermitteln, wie Menschen durch Heilung auf natürlichem Weg - allein durch Gottvertrauen und Gotteswirken - von schweren Erkrankungen geheilt werden können und so zum Glauben an die Führung und Allmacht ihres himmlischen Vaters kommen.

Welche goldenen Lebensregeln gilt es zu beachten?

Der Krankheit und dem Schmerz keine Beachtung mehr zu schenken, sondern Gott als dem größten Arzt und Heiland zu vertrauen; an sein Heilwerden zu glauben. Viel zitierte Leitsätze Bruno Grönings:[7] „Es gibt kein unheilbar, Gott ist der größte Arzt." „Vertraue und glaube, es hilft, es heilt die

---

7 Zitat aus der Biografie Bruno Grönings: Ich lebe, damit die Menschheit wird weiterleben können, Seite 64-65, Grete Häusler Verlag

göttliche Kraft." Durch die spürbare Wirkung der heiligenden Kraft Gottes vermögen sich Menschen sozusagen ganzheitlich zu "therapieren".

Mittels dieser natürlichen Heilslehren ist bereits vielen Menschen Hilfe und Heilung zu teil geworden. Es gibt zahllose Beispiele von schwer erkrankten Personen, die auf diesem Weg das Heil am eigenen Körper erfahren haben und so zum Gottglauben zurückfinden konnten. Dieses erstaunliche Heilsgeschehen ist in Tausenden von ärztlich dokumentierten Heilberichten nachzulesen[8]. Es zeugt von einer großen Bedeutung der Heilslehren im nahenden weltweiten Erlösungsgeschehen. Eine entwurzelte, nach göttlichen Maßstäben suchende Menschheit wird dem geistigen Lebenswerk Grönings zum Durchbruch verhelfen und ihm die Beachtung und Wertschätzung schenken, die es verdient.

Wunderbare Dinge werden geschehen, wenn sich die Menschheit in naher Zukunft für die geistigen, göttlichen Dinge öffnet. Dann beginnt die messianische Friedensherrschaft auf der Erde, die mit endlosen Segnungen für die Menschheit verbunden ist. Jesus Christus gab seinerzeit mit zahllosen Wunderheilungen und Auferweckungen eine beeindruckende Vorschau auf das weltweite Heilsgeschehen während seiner nahenden himmlischen Regentschaft über die Erde.

Da wir nahe an der Schwelle zu Gottes verheißener neuer Weltordnung stehen, wird sich das damalige Heilsgeschehen schon bald in weltweitem Umfang fortsetzen. Dann wird man wie in urchristlicher Zeit darüber staunen können, dass Taube wieder hören, Blinde wieder sehen und Lahme wieder gehen (Lukas 7:20-23; Matthäus 11:2-5).

---

8 S. Internet: www.bruno-groening.org - HEILUNGEN selektieren

Im Bruno Gröning Freundeskreis, einem der weltweit größten Zusammenschlüsse für Heilung auf geistigem Weg, kann man dieses Heilsgeschehen bereits in kleinem, aber stetig wachsenden Umfang beobachten.

Die hohe Wirksamkeit des therapeutischen Gotteswirkens lässt für mich keinen Zweifel daran aufkommen, dass Krankheit und Tod besiegt werden; dass Gottes Wiederherstellungsvorhaben auf der Erde vollständig verwirklicht werden wird.

Die größte Königreichssegnung ist zweifellos die Auferweckung Entschlafener zu ewigem irdischen Leben. Dadurch wird Gottes vollkommene Wiederherstellungskraft auf eindrucksvolle Weise dargestellt werden und die Menschen außer sich sein vor Freude über die große Liebe und Gnade ihres himmlischen Vaters. In einer Wiederherstellungszeit von 1.000 Jahren wird Gott Vater die Menschheit zu vollkommener Glaubenskraft führen und sein ursprünglicher Vorsatz mit der Erde verwirklicht sein.

Kapitel 8

Gott(Gut)glaube - unabdingbar für künftige Segnungen
(Vorwort)

„Der Glaube ist die gesicherte Erwartung erhoffter Dinge,
der offenkundige Erweis von Wirklichkeiten,
obwohl man sie nicht sieht …

Durch Glauben bemerken wir,
dass die Systeme der Dinge durch Gottes Wort geordnet wurden,
so dass das, was gesehen wird, aus Dingen geworden ist,
die nicht in Erscheinung treten …

Ohne Glauben aber ist es unmöglich, ihm wohlzugefallen,
denn wer sich Gott naht, muss glauben, dass er ist
und dass er denen, die ihn ernstlich suchen,
ein Belohner wird."

Hebräer 11:1, 3, 6
Neue-Welt-Übersetzung

8. Glaube - unabdingbar für künftige Segnungen

Da traten seine Jünger zu Jesus, als sie allein waren,

und fragten: Warum konnten **wir** den Dämon nicht austreiben?

Er aber sprach zu ihnen: Wegen eures Kleinglaubens.

Denn wahrlich, ich sage euch:

Wenn ihr Glauben habt wie ein Senfkorn,

so könnt ihr sagen zu diesem Berge: Heb dich dorthin!

so wird er sich heben; und euch wird **nichts** unmöglich sein."

(Matthäus 17:19-20)

Wenn du aber etwas kannst, so erbarme dich unser und hilf uns!

Jesus aber sprach zu ihm: Du sagst: Wenn du kannst -

alle Dinge sind möglich dem, der da glaubt.

Sogleich schrie der Vater des Kindes:

Ich glaube; hilf meinem Unglauben!

(Markus 9:22b-23)

Die Grundlage für Gottes messianische Herrschaft über die Erde ist, dass er in den Herzen der Menschen König geworden ist. Die Menschen müssen zum Glauben kommen an Gottes Erlösungs- und Heilsvorkehrung, an seine Wiederherstellungskraft und Allmacht.

Wirklicher Nutznießer künftiger Segnungen kann man nur sein, wenn man geistigen, göttlichen Werten herzensmäßig zugeneigt ist. Ja - das gesamte Wiederherstellungsgeschehen stützt sich auf eine erlöste, gutgläubige Menschheit, in der Gottes Heiliger Geist wirksam ist. (Hebräer 11:6, Galater 3:11; Lukas 18:8). Das nahende Erlösungsgeschehen wird dafür sorgen, dass die Herzen der Menschen richtig "eingestellt" werden auf den Empfang künftiger Segnungen.

Von einem errungenen, unerschütterlichen Glauben dieser Art sprach Jesus Christus, als er Geheilten zusicherte: „Dein Glaube hat dich gesund gemacht" oder: „Dir geschehe gemäß deinem Glauben" (Matthäus 9:22; Lukas 8:48).

Jesus fühlte sich gedrängt, leidgeprüften Menschen zu helfen, die sich aufrichtigen und gläubigen Herzens an ihn wandten (Lukas 7:1-10; 8:43-56; 13:10-13; Markus 5:25-34; Johannes 5:5-8). Alle Heilung Suchenden waren bereits vor ihrer Begegnung mit Jesus fest davon überzeugt, dass er sie heilen konnte. Alle waren auf ihrer langen, vergeblichen Suche nach Hilfe und Heilung zu der Erkenntnis gelangt, dass nur der Höchste in der Lage ist, sie von dem Grundübel ihres Leidens zu erlösen. Und alle hatten trotz der entmutigenden, aussichtslosen Situation an ihrer Hoffnung und dem Wunsch, gesund zu werden, festgehalten. Sie waren bereit und empfänglich für die Hilfe, die sich ihnen durch den Erlöser und Heiland Jesus Christus bot. Sie hatten sich in geistiger Hinsicht bereits seiner wirksamen Königreichsmacht genaht und waren ihm in seinem Bemühen um Heilung und Wiederherstellung entgegengekommen.

Im Gegensatz dazu stieß Jesus beim Predigen in seinem Heimatgebiet auf Unglauben und Zweifel, weswegen er dort keine Machttaten vollbringen konnte - und es wohl auch nicht wollte. Die Evangelisten Matthäus und Markus berichten darüber in: Matthäus, Kapitel 13:57-58 und Markus, Kapitel 6:4-6, siehe auch Hebräer 4:3, 10; 3:19.

Auch heute, so nahe vor dem Systemwechsel in Gottes neue Ordnung, verweilen noch viele Menschen im Unglauben. Viele halten das Heilsgeschehen von damals für eine Legende.

Wie traurig, dass man **Gott, den Allmächtigen,** den Schöpfer des Himmels und der Erde, nicht mehr wahrnimmt.

Zweifellos - die Menschheit muss im Glauben an Gottes Wiederherstellungskraft und Allmacht noch entschieden wachsen, um die verheißenen Segnungen empfangen zu können. Der Glaube ist Türöffner für das persönliche Heilsgeschehen und der Beginn einer nie endenden innigen Beziehung zu Gott Vater. Aus diesem Herzensfrieden, aus dieser unbeschreiblichen Freude und Dankbarkeit heraus, werden alle Dinge in den Himmeln und auf der Erde neu geordnet - nach Gottes heiligem Plan.

Fazit:

Christus Jesus und seine Mitberufenen sind Herrscher erlöster Herzen. Sie können ihren heiligenden Einfluss nur ausüben, wenn Christi Erlösungskraft über die Menschen wirksam geworden ist:

Wenn die geistige Reife gekommen ist, an all das Gute zu glauben, das er für sie bereithält; wenn sie der neuen Ordnung und dem Heilsgeschehen sehnsüchtig und empfänglich entgegenfiebern; wenn ihre Herzenswünsche und Lebensziele mit dem Willen Gottes in Einklang gekommen sind; wenn Christus König ihrer Herzen geworden ist. Denn Gottes Königreich ist eine Regierung, der sich Menschen aus innerer Überzeugung und Hingabe anschließen. Sie haben erkannt, dass sie der messianischen Führung bedürfen, um ihr Leben dauerhaft in segensreiche Fahrwasser zu steuern und all die wunderbaren Verheißungen zu erlangen, die von Gott Vater für uns bestimmt sind.

„Denn alles, was von Gott geboren ist,

überwindet die Welt;

und unser Glaube ist der Sieg,

der die Welt überwunden hat."

(1. Johannes 5:4)

„… denn der Gerechte wird aus Glauben leben."

(Galater 3:11b)

9. Erlöst und wiedervereint mit Gott Vater

„Wie viele ihn (Christus) aber aufnahmen,

denen gab er Macht, Gottes Kinder zu werden,

denen, die an seinen Namen glauben ..."   (Johannes 1:12)

„Der Geist selbst gibt Zeugnis unserm Geist,

dass wir Gottes Kinder sind."   (Römer 8:16)

Christi Regierungsmacht über die Erde beginnt mit der wiederhergestellten Gotteskindschaft im nahenden weltweiten Erlösungsgeschehen.

Während der gottesnahe Status zu Beginn der Menschheitsgeschichte ein Geschenk Gottes war, ist die Gottesbeziehung, die in unserer Zeit für die Menschen wiederhergestellt wird, an ein geistiges Geburtsgeschehen geknüpft, in das jeder aktiv eingebunden ist. In den Phasen seines Erlösungsgeschehens erlebt jeder hautnah und ergreifend, wie sich ihm der geistige Zugang zu Gott Vater und seiner überströmenden Liebe erschließt (Johannes Evangelium Kapitel 3:3-8).

Ein einzigartiges, überwältigendes Erlebnis der Superlative!

Mit dem Glücksgefühl der Erlösung ergießt sich Gottes Heiliger Geist über empfängliche Menschenherzen: seine innige väterliche Zuneigung, seine grenzenlose Gnade und Vergebung. Es ist das höchste, größte und schönste Erleben, dass einem Menschen auf Erden zuteilwerden kann. Es bleibt für immer lebensbestimmend und bewahrt ihn in Gottes liebevoller Führung.

Dieser heilige Status ist das geistige Fundament für die Weiterentwicklung im Gottglauben bis hin zur Vollkommenheit. Denn auf dem Weg dorthin gilt es noch viele Regelungszeiten zu überwinden, die dem Erlösungsgeschehen ähneln, diesem aber untergeordnet sind. Ein in jeder Hinsicht fordernder, spannender, ergreifender und bewegender Werdegang mit vielen Höhen und Tiefen, den es im Gottvertrauen zu meistern gilt. Immer geht es darum, im Gottglauben zu wachsen und dem himmlischen Vater näher zu kommen; mit mehr geistiger Kompetenz und Kraft ausgestattet zu werden, um heiligend auf sich und sein Umfeld einwirken zu können.

Das veranschaulichte Jesus mit seinen Worten im Matthäus Evangelium Kapitel 17, Verse 17-20 und Kapitel 21, Verse 18-22, die er mit folgenden Lehrsätzen abschloss: „Alles, was ihr bittet im Gebet, wenn ihr glaubt, so werdet ihr's empfangen. Glaubt, und nichts wird euch unmöglich sein."

Diese geistigen Gesetzmäßigkeiten erfüllen sich nicht nur an Christi gesalbter Dienerschaft, sondern an allen Menschen, deren Gottglaube durch ihre Mittlerfunktion zum Leben erweckt wird.

Die Liebe Gottes, die sich im Wiedergeburtserleben ergießt, vereint die Menschen mit Gott Vater und seinem Heilsvorhaben. Sie werden beflügelt, den goldenen Lebensregeln Christi zu folgen und als Menschheitsfamilie zusammenzuwachsen. Ja, wer den Wiederherstellungsgeist Gottes zu spüren bekommen hat und der Segnungen Gottes teilhaftig geworden ist; wer erfasst hat, was für ein einzigartiges, wunderbares Heilsgeschehen der Menschheit bevorsteht, der kann gar nicht anders, als sein Leben in den Dienst für Gott zu stellen: dankbar und überglücklich dabei mitzuwirken, sein neuzeitliches Paradies zu verwirklichen. Sich auf dem christlichen Heilsweg, dem Weg des ewigen irdischen Lebens, weiterzuentwickeln und anderen behilflich zu sein, christliche Etappenziele zu erreichen, ist das, was Menschen zusammenschweißt und eint.

10. Ewiges irdisches Leben - eine Realität?

> „Wie nun durch die Sünde des **Einen**
> die Verdammnis über alle Menschen gekommen ist,
> so ist auch durch die Gerechtigkeit des **Einen**
> für **alle** Menschen die Rechtfertigung gekommen,
> die zum Leben führt."
> (Römer 5:18)

Ist ewiges irdisches Leben wirklich möglich?

Diese Frage kann nur Gott, der Urheber der Schöpfung, zuverlässig beantworten. Aus dem biblischen Schöpfungsbericht, den er hat aufzeichnen lassen, und auch aus vielen Schriftstellen ergeben sich eindeutige Beweise, die den Glauben an das ewige irdische Leben stützen:

Gemäß dem Schöpfungsbericht der Heiligen Schrift stand das erste Menschenpaar in einer Leben gebenden Gottesbeziehung und sollte ewig auf der Erde leben. Das geht ganz eindeutig aus dem 1. Buch Mose in Kapitel 2 und 3 hervor. Adam verwirkte zwar das ewige irdische Leben und gab Sünde und Tod an seine Nachkommen weiter, doch durch Christus, unseren Erlöser, wird es wieder hergestellt werden. Auch das geht klar und unmissverständlich aus dem Brief des Apostels Paulus an die Römer hervor.

In Kapitel 5 des Römerbriefes tritt er die Beweisführung für die Wiederherstellung der verlorenen Segnung an.

Gott wird doch für die Menschheit nicht etwas wiederherstellen, was es ursprünglich nicht gegeben hat? Das ewige himmlische Leben?

Ganz sicher nicht!

Er wird für die Menschheit genau **die** Segnung wiederherstellen, die durch Adam **verloren gegangen** ist - das ewige **irdische** Leben.

Alles andere wäre völlig unlogisch. In Psalm 115:16 steht geschrieben: „Der Himmel gehört dem Herrn, aber die Erde hat er den Menschensöhnen gegeben." In Jesaja 55:9: „So viel der Himmel höher ist als die Erde, so sind auch meine Wege höher als eure Wege und meine Gedanken ..."

Das himmlische Leben ist für die Menschheit von Schöpfung an nicht vorgesehen gewesen!

Eine Ausnahme ist allerdings durch Gottes "Neuen Bund" ins Leben gerufen worden, der mit der Hingabe Jesu Christi rechtskräftig wurde. Dieser Bund gewährt auserwählten Personen mit Christus in Gottes himmlischem Königreich zu regieren. Als himmlische Miterben Christi werden sie der Menschheit helfen, ewiges irdisches Leben zu erlangen.

In Offenbarung Kapitel 21 wird das sinnbildlich dargestellt:

In den Versen 1-4 wird in bewegenden Worten beschrieben, wie sich aus dem geistigen Paradies - einer wiedergeborenen Gottesbeziehung - das buchstäbliche Paradies für die Menschheit entwickelt. Wie all die wunderbaren Segnungen, die Gott ursprünglich für die Menschheit vorgesehen hatte, sich nun erfüllen. Dem Apostel Johannes wird offenbart: Wie die heilige Stadt, das himmlische Jerusalem, **zur Erde herabkommt**; wie Gott **bei den Menschen wohnen wird** und sie seine Völker sein werden; wie er sie trösten und von Schmerz und Tod befreien wird.

Fazit:

Nicht die Menschheit kommt in den Himmel, um dort ewig zu leben, sondern **Gott neigt sich zur Erde herab**, um **hier** ewiges irdisches Leben zu vermitteln. Deutlicher, wie in den obigen Versen beschrieben, kann es uns nicht aufgezeigt werden! Das ewige irdische Leben wird tatsächlich wiederhergestellt werden. Gott hat es versprochen und er macht es auch wahr!

11. Deine Toten werden leben

„Nun aber ist Christus auferstanden von den Toten
als Erstling unter denen, die entschlafen sind.
Denn da durch einen Menschen der Tod gekommen ist,
so kommt auch durch einen Menschen die Auferstehung der Toten.
Denn wie sie in Adam **alle sterben**,
so werden sie in Christus **alle lebendig** gemacht werden."
(1. Korinther 15:20-22)

Unglaublich, aber wahr!

Das ewige irdische Leben ist nicht nur den Lebenden, sondern auch den Entschlafenen verheißen.

Jesus Christus sagte diesbezüglich: „Ich bin die Auferstehung und das Leben. Wer Glauben an mich ausübt, der wird zum Leben kommen, auch wenn er stirbt ..."(Johannes 11:25, Neue-Welt-Übersetzung). An anderer Stelle: „Wundert euch darüber nicht. Denn es kommt die Stunde, in der alle, die in den Gräbern sind, meine Stimme hören werden und werden hervorgehen" (Johannes 5:28).

Diese wunderbare Verheißung übersteigt jegliches Vorstellungsvermögen! Zweifel kommen auf und die Frage: Wie soll das möglich werden? Ist das wirklich wahr? Diese Verheißung kann selbst den Glauben loyaler Christen ins Wanken bringen.

Die Auferstehung Entschlafener zu irdischem Leben ist zweifellos die größte Segnung des messianischen Reiches. Sie stellt Gottes vollkommene Wiederherstellungskraft auf überwältigende Weise dar.

Gemäß den Schriftstellen: Lukas 8:52-55 und Johannes 11:11-15, betrachtet Jesus Christus Verstorbene als schlafende oder ruhende Personen, die ins irdische Leben zurückgerufen werden können. Er demonstrierte vor vielen Augenzeugen mit welcher Selbstverständlichkeit es ihm möglich ist, im Todesschlaf ruhende Menschen aufzuerwecken. Gottes Vorhaben, Entschlafene ins irdische Leben zurückzubringen, ist eng an seine und unsere Sehnsucht geknüpft, geliebten Menschen nahe zu sein. Tatsächlich könnte unsere Wiederherstellungsfreude nicht vollkommen gemacht werden, würden wir sie nicht mit geliebten Menschen teilen können. Der Tod ist also nicht das Ende, sondern nur eine Unterbrechung des irdischen Lebens. Lediglich für Christi Mitberufene hat Gott eine hiervon abweichende Auferstehungsvorkehrung vorgesehen, wie im nächsten Kapitel deutlich wird.

Was sagte Jesus über seine Handlungsvollmacht?: „Der Sohn kann **nichts aus sich selber** tun, sondern nur, was er den Vater tun sieht; denn was dieser tut, das tut gleicherweise auch der Sohn. Denn der Vater hat den Sohn lieb und zeigt ihm alles, was er tut, und wird ihm noch größere Werke zeigen, sodass ihr euch verwundern werdet. Denn wie der Vater die Toten auferweckt und macht sie lebendig, so macht auch der Sohn lebendig, welche er will. Denn der Vater ... hat alles Gericht dem Sohn übergeben" (Johannes Kapitel 5:19-22).

Letztlich geht alle Erkenntnis, Fähigkeit und Kraft für die Auferweckungen von Gott aus. Durch seine wirksame Urschöpferkraft, den Heiligen Geist, wurden alle damaligen Auferweckungen gewirkt. So wird es auch im neuzeitlichen Auferstehungsgeschehen sein. Ja, in Gottes **erlöster** künftiger Weltordnung kann sich die Kraft des Heiligen Geistes in vollem Umfang entfalten und in ergreifender Weise Wunder wirken.

Fazit:

Entschlafene „der großen Schar" werden ins irdische Leben zurückgerufen und von den Segnungen des messianischen Reiches profitieren.

Alle Wiederherstellungskraft geht von Gott aus. Er ist der Allmächtige und Allweise, dem unbegrenzte Kraft und Erkenntnis innewohnt. Wir dürfen die Fülle seiner dynamischen Kraft nicht auf unsere begrenzten Möglichkeiten reduzieren. Er kann alles zu dem werden lassen, was für sein Vorhaben notwendig oder zweckmäßig ist.

Ja - was Gott verspricht, das macht er auch wahr!

„Denn dein ist das Reich
und die Kraft und die Herrlichkeit
in Ewigkeit. Amen."

(Matthäus 6:13b)

11.1   Auferstehung zu himmlischem Leben

„Nun aber ist Christus auferstanden von den Toten

als Erstling unter denen, die entschlafen sind ...

Denn wie sie in Adam alle sterben, so werden sie

in Christus alle lebendig gemacht werden.

Ein jeder aber in seiner Ordnung:

als Erstling Christus; danach, wenn er kommen wird,

die, die Christus angehören; danach das Ende,

wenn er das Reich Gott, dem Vater, übergeben wird, ...“

(1. Korinther 15:20, 22-23)

Gemäß dem obigen Bibelvers ist Christus **der Erste**, der auferstanden und gen Himmel aufgefahren ist. **Vor** ihm ist also **niemand** in den Himmel gekommen, **nach** ihm nur die, **die dem Christus angehören.**

Also, all jene gesalbten Personen, die wie Christus eine wahre Wiedergeburt erlebt haben - so bei mir geschehen in 1984. Die Offenbarung sagt über diese Personen: „Selig ist der und heilig, der teilhat an der ersten Auferstehung. Über diese hat der zweite Tod keine Macht; sondern sie werden Priester Gottes und Christi sein und mit ihm regieren tausend Jahre“ (siehe Offenbarung 20:6).

Während die irdische Auferstehung noch vollständig in der Zukunft liegt, ist die himmlische Auferstehung bereits seit langem im Gange. Sie ist abgeschlossen, wenn die letzten dieser berufenen Regenten ihren irdischen Lauf beendet haben.

12.   Die Kraft des Heiligen Geistes

Zu Pfingsten 33 u. Z. geschah das bis Dato Unvorstellbare:
Eine Gruppe von 120 christusgläubigen Anhängern empfing den von ihm verheißenen Heiligen Geist. Das waren die ersten Personen, die "von Neuem geboren" wurden und in ein Leben gebendes Verhältnis zu Gott gelangten. Ein sensationelles geschichtliches Ereignis von größter Bedeutung: Die Erlösungskraft des Blutes Christi wurde sichtlich wirksam und vermittelte ewiges Leben - in diesem Fall unsterbliches himmlisches Leben.
Eine neue Zeitrechnung begann, das ureigentliche Leben in der Nachfolge und Liebe Christi. Die Grundlage für die "Wiedererschaffung aller heiligen Dinge" war gelegt.

Wie kam es zu diesem geschichtsträchtigen Ereignis? Und was meinte Jesus mit seinen Worten vom "Neugeboren werden"?
Für Nikodemus, einem Vorsteher der Juden, war klar, dass Jesus Christus in der Gunst Gottes stand und von ihm die Kraft empfing, große Zeichen und Wunder zu vollbringen. Das konnte kein Menschenwerk sein. Doch wie war es zu erklären, dass Gott diesen Jesus so unterstützte? Darauf gab Jesus die konkrete Antwort: „Ihr müsst von neuem geboren werden". Was meinte er damit?
Um seinem himmlischen Vater so nahe zu sein, wie er es ist, müssten sie in einem geistigen Geburtsgeschehen Gott gegenüber zum Leben kommen. Der Höhepunkt dieses Geburtsgeschehens wäre die Taufe in Heiligem Geist.
Gegen Ende seines irdischen Dienstes wurde deutlich, dass er seinen Nachfolgern dieses Heilsgeschehen vermitteln würde. Dazu musste er sie

verlassen und zu seinem himmlischen Vater zurückgehen. Er sprach: „Ich sage euch die Wahrheit: Es ist gut für euch, dass ich weggehe. Denn wenn ich nicht weggehe, kommt der Tröster (Heilige Geist) nicht zu euch. Wenn ich aber gehe, will ich ihn zu euch senden" (Johannes 16:7).

In den Versen 20-23 gebrauchte er als Veranschaulichung eine gebärende Frau, um zu verdeutlichen, dass sie **durch ihre tiefe Traurigkeit über seinen Weggang eine Leben gebende Gottesbeziehung hervorbringen würden.** Es würden nun schmerzliche und sehnsüchtige Tage für sie beginnen. An dem Tag aber, wo der Heilige Geist ausgegossen werden würde, würde ihre Traurigkeit in große Freude verwandelt werden, die ihnen keiner mehr nehmen könnte. Sie würden sich dann nicht mehr allein fühlen, sondern **wären in einer Herzensgemeinschaft mit ihm und Gott verbunden,** aus der sie sehr gestärkt hervorgehen würden. Durch diese geistige Verbindung würde er sozusagen „zu ihnen kommen" und „sie sich wiedersehen". Sie hätten dann das Gefühl, er sei bei ihnen.

Was sagte Jesus Christus noch über den Heiligen Geist?:

„Gott wird ihn in meinem Namen senden. Der "Geist der Wahrheit" wird bei euch bleiben in Ewigkeit und in euch sein; er wird euch alles lehren und an alles erinnern, was ich gesagt habe; er wird der Welt die Augen auftun hinsichtlich Sünde, Gerechtigkeit und Gericht; er wird euch in die ganze Wahrheit leiten, nicht aus sich selber reden, sondern aus der Weisheit Gottes empfangen und verkünden, was zukünftig sein wird" (Johannes Kap. 16).

Christi Worte erfüllten sich zu Pfingsten 33 u. Z. Mit dem geistigen Geburtserleben seiner Anhänger hatte der irdische Tempel der Anbetung ausgedient, denn sie waren durchgedrungen zum wahren "**geistigen Tempel**" der überströmenden Liebe und Güte Gottes.

Durch das Ausgießen des Heiligen Geistes goss Gott etwas von seiner Kraft und Weisheit über sie aus, sodass sie Christus ähnlich wirken konnten. Jesus Christus hatte es ihnen vor seinem Weggang prophezeit: „Wer an mich glaubt, der wird die Werke auch tun, die ich tue, und er wird noch größere als diese tun; denn ich gehe zum Vater. Und was ihr bitten werdet in meinem Namen, das will ich tun, damit der Vater verherrlicht werde im Sohn" (Johannes 14:12-14).

Es ist biblisch belegt, dass die Apostel kraft des Heiligen Geistes die tiefe, überragende Bedeutung des Sühnopfers Jesu erkannten, mit Feuereifer sein messianisches Reich verkündeten und gläubigen Personen den Heiligen Geist vermittelten, Kranke heilten und Tote auferweckten. Die Worte, die Jesus vor seiner Hingabe auf sich anwandte, begannen sich zu erfüllen: „Wenn das Weizenkorn nicht in die Erde fällt und erstirbt, bleibt es allein; wenn es aber erstirbt, bringt es viel Frucht" (Johannes 12:24).

Damals wie heute wird durch die Erlösungs- und Wiederherstellungskraft des vergossenen Blutes Christi diese Frucht hervorgebracht: Menschen mit einem geistigen Geburtserleben, die Gott gegenüber zum Leben kommen. Sie werden kraftvoll durch die in ihnen wirksame Liebe Gottes und vermögen, aus seiner Allmacht zu schöpfen.

Wenn also die Barriere des Unglaubens im geistigen Geburtserleben beseitigt worden ist, kann der Heilige Geist Gottes durchdringen und in uns und durch uns Wunder wirken. Wir stehen dann in einer Online-Verbindung zu Gott Vater und er kann uns die Kraft zuführen, die wir brauchen, um gesund zu werden und es auf ewig zu bleiben. Wir haben dann wieder den Zugang zum sinnbildlichen "Baum des Lebens", der über Tausende von Jahren versiegelt war. Den Weg hat Christus für uns frei gemacht. Durch seinen Liebesdienst auf Erden hat er uns versöhnt und wiedervereint mit dem Lebengeber und -erhalter unserer Seelen.

Ich erlebe es seit 37 Jahren, dass von Gott kommende Kräfte wirken und verbürge mich dafür. Doch viele Menschen mögen nur das glauben, was wissenschaftlich belegt werden kann. Daher stellt sich die Frage:

Lässt sich die geistige Energieübertragung kraft des Gottglaubens wissenschaftlich erklären und beweisen?

Dazu mehr im nächsten Kapitel.

12.1 Heilwerden durch den Gottglauben - wissenschaftlich belegbar?

„Es gibt keine Materie an sich!

Alle Materie entsteht und besteht nur durch eine Kraft ...

So müssen wir hinter dieser Kraft einen bewussten,

intelligenten Geist annehmen.

Dieser Geist ist der Urgrund aller Materie."

(Physiker Max Planck)

Gemäß der Quantenphysik ist der gesamte Mikro- und Makrokosmos, auch unsere belebte Erde, durch eine gigantische Urschöpferkraft (Energie) entstanden, wobei die gesamte Schöpfung wiederum fast ausschließlich aus Energie besteht.

So sind zum Beispiel die kleinsten Teilchen unseres Körpers nicht die Atome, sondern die Quanten. Das sind winzige Energiepakete, die als Wellen (Energie) oder Teilchen (Materie) auftreten und sich in das eine oder andere verwandeln können. Das ganze Vakuum im Atom (99%) ist angefüllt mit den energiegeladenen Quanten. „Wir bestehen also zu etwa 99% aus reiner Energie. Wer hätte das gedacht", schreibt die Autorin P. Ross in ihrem Buch „Herz-Quantensprung" auf Seite 34. „Wenn wir fast nur aus Energie bestehen, wird doch die Einwirkung des Geistes auf die „Materie" noch wahrscheinlicher und naheliegender."

Sie schreibt: „Zudem ist der ganze Kosmos eingebettet in ein großes Energiefeld (göttliche Matrix bzw. Heiliger Geist), das alles mit Allem verbindet." Auch dieses Energiefeld besteht aus lauter energetischen Quanten. Wenn wir Menschen als kleine Energieträger im Kosmos von einem riesigen

Energiefeld umgeben sind, ist es da nicht einleuchtend, das es uns tangiert und einen Einfluss auf uns ausübt?

In ihrer Beweisführung schreibt sie auszugsweise: „Unser Herz ist von einem elektromagnetischem Feld umgeben. Der feste Glaube, gesund zu werden, bewirkt, dass elektromagnetische Wellen aus dem Feld unseres Herzens ausgesendet werden, die wie ein Programmiercode auf die Quantenwelt unseres Körpers einwirken und sie verändern können. Das große elektromagnetische Feld des Kosmos (göttliche Matrix bzw. Heiliger Geist) reagiert auf unsere Gefühle und sendet uns das zurück, was wir durch Glauben anziehen. Wenn z. B. ein Mensch, der mit Knochenschwund belastet ist, den vollen Glauben an Heilung in sich trägt und die heiligende Kraft Gottes aufnimmt, können sich die Lichtquanten dieser Energie in Teilchen verwandeln und sich wieder an die Knochen anlagern. Wenn diese Person festen Glaubens ist, werden genügend neue Teilchen erscheinen, die in die Knochen eingelagert werden können.

Für mich sind die Ausführungen in dem Buch sehr beeindruckend und überzeugend. [9]In Kapitel 7 wird unter wissenschaftlichem Aspekt anschaulich und verständlich beschrieben, warum Heilung durch die Kraft des Gottglaubens das Natürlichste der Welt ist.

9 Herz-Quantensprung - Dein Herz bewegt die Welt, Petra Ross, Verlag BoD

12.2   Die Kraft des Heiligen Geistes einsetzen

Vorwort

Den überwiegend jungen Leuten, die in der Öffentlichkeit für mehr Klimaschutz demonstrieren, möchte ich ein weiteres wirksames Hilfsmittel an die Hand geben, um das Klima zu stabilisieren. Das sind das Gebet und die mögliche Energieübertragung im Gebet. Ich bin fest davon überzeugt, dass auf diesem Weg unbeherrschbare große Probleme des 21. Jahrhunderts gelöst werden können.

Bei allem Respekt für den notwendigen und engagierten Einsatz aller Umweltaktivisten ... werden wir angestrebte Zielmarken nur mit dem Allmächtigen gemeinsam erreichen.

Jesus Christus demonstrierte, wie er Gottes Heiligen Geist über die Naturgewalten einsetzte. Nachzulesen im nächsten Kapitel.

12.2 Die Kraft des Heiligen Geistes einsetzen

Und es erhob sich ein großer Windwirbel
und die Wellen schlugen in das Boot,
sodass das Boot schon voll wurde.
Und er war hinten im Boot und schlief auf einem Kissen.
Und sie weckten ihn auf und sprachen zu ihm:
Meister, fragst du nichts danach, dass wir umkommen?
Und er stand auf und bedrohte den Wind und sprach zu dem Meer:
Schweig und verstumme!
Und der Wind legte sich und es entstand eine große Stille.
Und er sprach zu ihnen: Was seid ihr so furchtsam?
Habt ihr noch keinen Glauben?   (Markus 4:35-41)

Zweifellos ein atemberaubendes Schauspiel, dass sich den Jüngern Jesu hier bot. Jesus Christus demonstrierte auf beeindruckende Weise, wie er Gottes Heiligen Geist über die Naturgewalten einsetzte.

Jesu Jünger waren überwältigt von der Macht, die Jesus über Wind und Meer ausübte. Doch versicherte er ihnen, dass sie Ähnliches bewirken könnten, wenn sie nur tiefen Glauben aufbringen würden. Demnach wird der Heilige Geist Gottes in erlösten, glaubensvollen Menschen wirksam.

Eine Gemeinschaft von Gläubigen, die diese wirksame Kraft in kollektivem Gebet und kollektiver "Einstellung" einsetzt, wird christusähnliche Wunder wirken, wie er machtvoll und stark sein (Johannes 14:12).

Da der Heilige Geist die Kraft hinter der verheißenen messianischen Weltordnung ist, können wir erwarten, dass auch künftige Wetterphänomene in Schranken gehalten werden.

Ist es nicht wirklich wunderbar zu wissen, dass wir durch Gottes messianische Heilsvorkehrung alle Probleme in der Welt lösen werden? Ist es nicht großartig, dass er uns den Rückhalt und die Kraft zusichert, um scheinbar Unmögliches möglich zu machen?

Ja - unter der Herrschaft Christi und seiner Mitregenten wird es zu einer Wiederherstellung der idealen Lebensbedingungen kommen, die es ursprünglich auf der Erde gegeben hat. Im nächsten Kapitel sind herrliche Prophezeiungen aufgeführt, von denen wir erwarten können, das sich einige bereits in naher Zukunft erfüllen werden.

Zu schön, um wahr zu sein? Auf gar keinen Fall! All das Wunderbare kann geschehen, wenn Gottes Heiliger Geist in erlösten, gläubigen Menschen wirksam wird.

13. Erdenweite Wohlfahrt unter Gottes messianischem Reich

Da werden sie ihre Schwerter zu Pflugscharen
und ihre Spieße zu Sicheln machen.
Denn es wird kein Volk wider das andere das Schwert erheben,
und sie werden hinfort nicht mehr lernen, Krieg zu führen.
(Jesaja 2:4)

Ein jeder wird unter seinem Weinstock und Feigenbaum wohnen,
und niemand wird sie schrecken.
Denn der Mund des Herrn Zebaoth hat`s geredet.
(Micha 4:4)

Voll stehe das Getreide im Land bis oben auf den Bergen;
wie am Libanon rausche seine Frucht.
(Psalm 72:16)

Dann werden die Augen der Blinden aufgetan
und die Ohren der Tauben geöffnet werden.
Dann werden die Lahmen springen wie ein Hirsch,
und die Zunge der Stummen wird frohlocken.
Denn es werden Wasser in der Wüste hervorbrechen ...
(Jesaja 35:5-6)

Und der Tod wird nicht mehr sein ... (Offenbarung 21:4)

14. Ein weltweites Paradies

Und ich hörte eine große Stimme von dem Thron her, die sprach:
Die Hütte Gottes ist bei den Menschen!
Und er wird bei ihnen wohnen, und sie werden sein Volk sein
und er selbst, Gott mit ihnen, wird ihr Gott sein;
und Gott wird abwischen alle Tränen von ihren Augen,
und der Tod wird nicht mehr sein,
noch Leid noch Geschrei noch Schmerz wird mehr sein;
denn das Erste ist vergangen.
   (Offenbarung 21:3-4)

Im Laufe des 1.000-jährigen Wiederherstellungsgeschehens wird die ganze Erde zu einem Paradies werden, in ihren ursprünglichen Zustand der Wonne und Heiligkeit umgestaltet werden. Die Erde wird so schön und fruchtbar sein wie der Garten Eden, ein faszinierendes Naturparadies (Psalm 145:16).

Das zukünftige Weltbild wird den erlösten Herzenszustand der Menschheit widerspiegeln und so harmonisch und friedvoll sein wie zu Beginn der Menschheitsgeschichte (Psalm 37:11):

Wenn alles Ungute in der Welt durch die segensreichen Vorkehrungen des messianischen Reiches besiegt worden ist;

wenn Menschen aller Nationen vereint sind;

wenn es friedvolle und stabile Verhältnisse auf der Erde gibt;

wenn Krankheit und Tod nicht mehr sind;

wenn sich jeder von Herzen seines Lebens auf der Erde erfreuen kann,

dann ist deutlich sichtbar und spürbar, dass mit dem Willen Gottes auf Erden auch der Unsrige geschieht.

Darum lieber himmlischer Vater:

„Lass Dein Reich kommen
und Deinen Willen geschehen,
wie im Himmel so auf Erden.
Denn Dein ist das Reich
und die Kraft und die Herrlichkeit
in Ewigkeit. Amen."

Schlusswort

„Ich will dich unterweisen

und dir den Weg zeigen,

den du gehen sollst;

ich will dich mit meinen Augen leiten."

(Psalm 32:8)

Der obige Psalm wird auf mitberufene Nachfolger Jesu Christi angewandt. Mit diesem Psalm bin ich bei meiner Konfirmation eingesegnet worden. Ob mein damaliger Pfarrer in Hagedorn unter göttlicher Inspiration stand, als er diesen Konfirmationsspruch für mich ausgewählt hat?

Es scheint so!

Dieser Psalm spiegelt treffend meinen christlichen Lebensweg wieder, der seit 37 Jahren eng mit dem messianischen Reich Gottes verknüpft ist:

Als Spätberufene hat mich Gott Vater endzeitliche Dinge sehen und verstehen lassen, die meinen Vorgängern aufgrund ihrer früheren Berufung nicht zu Teil werden konnte. So hat er mich in die Lage versetzt, das "Kommen des messianischen Reiches" vor dem Hintergrund eines großen Erlösungsgeschehens zu sehen, durch das allen Menschen guten Willens, Rettung und Heil zu Teil werden wird. Kraft meiner Berufung durfte ich Fehldeutungen endzeitlicher Schriftstellen der Offenbarung, die mit dem Heilsvorhaben Gottes nicht im Einklang sind, richtigstellen und dazu beitragen, "Gottes Namen zu heiligen."

Obwohl mir das Wort Gottes bereits zu Beginn meines Bibelstudiums sehr vertraut war, habe ich meine biblische Erkenntnis und meine Biografie-Arbeit noch über viele Jahre hinweg vertiefen müssen, um das Buch in der Ihnen vorliegenden Form schreiben zu können.

Das hier dargestellte Erlösungs- und Heilsvorhaben Gottes vermittelt ein reales Bild von der Persönlichkeit unseres himmlischen Vaters und seiner großen Liebe zur Menschheit. Es gehört zu den Buchrollen, die gemäß Offenbarung Kapitel 20, Vers 12 in Gottes neuer Weltordnung geöffnet werden und dient der Aufarbeitung des vor uns liegenden Abschluss- und Erlösungsgeschehens. In dieser Funktion wird es seine volle Bedeutung und Aussagekraft entfalten und eine erlösende und heiligende Wirkung haben. Zudem wird es, wie die Heilige Schrift, ein theokratischer Wegweiser in dem geistigen Zeitalter sein, dem wir mit großen Schritten entgegengehen.

Wie gut, dass unser himmlischer Vater mit seinem messianischen Reich für eine Heilsvorkehrung gesorgt hat, durch die die ganze Schöpfung in den Urzustand der Wonne geführt werden wird. Ohne seine Heilsvorkehrung, ohne seine geistige Führung und Unterstützung wäre all das nicht möglich. Danken wir unserem himmlischen Vater für sein schon so lang währendes, unermüdliches Wirken im Dienste der Menschheit und freuen uns auf die segensreiche Zeit unter seiner messianischen Weltführung!

Abschließend möchte ich sagen: Mit dem Schreiben dieses Buches bin ich meiner christlichen Lebensaufgabe und Berufung nachgekommen. Obwohl es mich viel Zeit und Kraft gekostet hat, gibt es nichts in dieser Welt, was ich lieber getan hätte, als mich meiner christlichen Berufung zu widmen. Ich kann mich nur den Worten Jesu Christi anschließen, der über seinen irdischen Dienst sagte: „Deinen Willen zu tun, o mein Gott, ist meine Lust gewesen; und dein Gesetz ist in meinem Innern" (Hebräer 10:7, Psalm 40:8).

Ich wünsche Ihnen von Herzen, lieber Leser, dass auch **Sie** I h r e Aufgabe in Gottes neuer Weltordnung erkennen und mithelfen, sein wunderbares Wiederherstellungsvorhaben auf der Erde zu verwirklichen.

Dazu verhelfe Ihnen Gott Vater

und darin segne er Sie.

Alles Gute auf dem Weg in Gottes segensreiche Weltordnung

wünscht

Birgit Knefelkamp   Lübbecke im Oktober 2021

Die Niederschrift dieses Buches erfolgte von 2003 bis September 2009.

Überarbeitet und veröffentlicht: Januar 2021 bis Oktober 2021

Die verwendete Bibelübersetzung ist, wenn nicht anders angegeben, die

Luther-Übersetzung der Deutschen Bibelgesellschaft von 1999

Ansonsten:

Die Neue-Welt-Übersetzung der Heiligen Schrift von 1971

Biografische Daten meines christlichen Lebensweges

1984

- **ERLÖSUNG** durch das frohe Evangelium
- Mehrjähriges Bibelstudium mit Königreichsverkündigern
- Persönliches Bibelstudium bis heute

1990 – 2001

- Analysierung meines Erlösungsgeschehens und das meiner Zwillingsschwester (Biografie-Arbeit)
- Analysieren von Bibelversen
- Studium und Anwendung geistiger Heilslehren nach der Lehre Bruno Grönings

1998 - heute

- Auslegung von Bibelversen - Priorität Offenbarung

2003- Sept. 2009

- Niederschrift meines Buches „Dein Königreich komme"

1984 - heute

Verkündigung des frohen Evangeliums:

- Persönlich
- Brieflich

1995 - 2011

    Soziales Engagement:

- Ehrenamtliche Betreuung einer Seniorin im Seniorenheim Lübbecke am Kirchplatz

2011 - heute

- Krankenbesuche bei Senioren
- Bei der Betreuung und Pflege meiner Mutter geholfen (verst. 2016)

2013 - Feb. 2018

- Niederschrift meines Buches „Erlöse uns von dem Bösen"

2015 - Okt. 2017

- Sonderurlaub für das Erlösungsbuch und
- die Betreuung meiner Mutter

2017- Okt.

- Beendigung meiner beruflichen Tätigkeit für den ganzherzigen christlichen Dienst

2018 - Okt. 2019

- Überarbeitung meines Buches „Dein Königreich komme"

2021 - Okt. 2021

- Niederschrift meines Buches:
  „Unsere schöne Erde retten!"

Danksagung

Ich danke meinem himmlischen Vater von Herzen, dass er mich erlöst und mir eine reale wunderbare Zukunftshoffnung gegeben hat. Ich danke auch für sein Vertrauen und die verantwortungsvolle Aufgabe, die er mir in seinem Werk übertragen hat.

Ich danke den Königreichsverkündigern, die mir die erlösende Botschaft von Gottes messianischem Reich vermittelt haben.

Ich danke auch meiner Zwillingsschwester Petra, die mit ihrer Biografie Pate gestanden hat, für die Entschlüsselung des vollständigen Heilsvorhabens Gottes. Ein großer Dank geht auch an meinen lieben Schwager für seinen hilfreichen Einsatz.

Auch allen, die mich zukünftig noch bei meinen christlichen Aktivitäten unterstützen werden, in welcher Form auch immer ... sage ich DANKE ... und ein von Herzen kommendes "VERGELTS GOTT".